한국창조문학대표수필선 233

아픔까지 사랑한 나무

조효정 두 번째 수필집

창조문학사

■ 서문

책을 내면서

등산길에서 만난 단풍잎들이 손이 시린 듯 빨갛게 달아오르더니, 어느 날 붉던 이파리들이 어린아이의 추위에 곱은 손처럼 모조리 오그라들었다. 벌써 한 해가 다 가고 있는 것이 분명하다. 늘 아쉬움 속에서 한 해를 보내고 새해를 맞이하지만, 언제나 결심은 내 마음 한구석에서 제자리를 맴돌 뿐 별로 나아지는 것은 없는 듯하다. 특히 마음을 다해 열심히 글을 써보겠다던 결심은 언제나 결심으로 끝이 나고, 가끔 들어오는 원고청탁에도 발을 동동 굴러야 하니 참으로 게으른 듯싶다.

첫 번째 책을 낸 지 5년이 지났다. 간혹 두 번째 책이 왜 안 나오는지 묻는 사람도 있었지만, 사실 나 스스로 조바심이 나던 중이었다. 책을 내고 싶다는 욕심이 앞선 것은 결코 아니다. 다만 더 좋은 글을 많이 쓰고 있지 못한 것 같은 아쉬움 때문이었다. 두 번째 책만큼은 여유롭게 준비하여 좋은 글로 채우고 싶은 욕심이 있었는데, 결국은 쫓기듯이 또 하나의 흔적을 남기게 되었다. 어차피 아쉬움이 남을 일이라면 이쯤에서 한번 쉬어가는 것도 좋으리라는 생각이 들어서였는지도 모른다. 그래서 한 해가 저물어가는 때에 용기를 내어 그동안에 몇 군데에 발표했던 글들과 컴퓨터 안에서 잠자던 글들을 모아서 간신히 페이지 수를 채웠다.

나는 글을 쓰면서 언제나 나 자신을 돌아보고 싶어 했다. 이 글을 읽는 누구라도 같은 마음으로 글을 읽어 준다면 참으로 감사하겠다.

끝으로 늘 좋은 가르침을 주시는 삶의 스승들과 언제나 글을 가까이할 수 있도록 곁에서 함께 해준 글벗들에게 감사한다. 그리고 언제나 나를 믿어 주고 아껴주는 한결같은 아내와 늘 지루하지 않은 삶을 제공해 주는 세 아이들에게 고맙고 사랑한다는 말을 전한다.

덕수궁 돌담 끝에서

- 2014년 12월

조 효 정

차 례

I. 혼자 걷는 길

Ⅱ. 붕어빵 그 따뜻한 의미

Ⅲ. 온 세상에 희망을

Ⅰ. 혼자 걷는 길

덕수궁 돌담길을 걸으며

처음 덕수궁 돌담길을 걸었던 스무 살 여름, 어리숙한 시골 청년에게 그 길은 참으로 낭만적이었다. 마치 오랫동안 들어왔던 전설 속의 한 장면같이 친구들과 어깨동무하고 한참을 걷고 또 걸었었다. 그리고 다시 오랜 세월이 흘러 머리가 희끗해지는 나이에 이 길을 다시 걷는다. 마침 이번에 옮긴 근무처가 덕수궁 돌담 끝에 위치해 있어서 힘들일 것 없이 자연스럽게 이 길을 자주 걷게 된 것이다.

가로수들은 짙은 초록 잎으로 옷 갈아입고, 꽃들은 만발하여 봄을 노래한다. 아름다운 꽃들에 취해 걷다 보니 대한문 앞에 이르렀다. 많은 사람이 오가고 있는 대로변에 노란 리본이 지천이다. 얼마 전 일어났던 세월호 사건으로 많은 학생과 승객들이 차디찬 바닷속으로 가라앉았다. 아직도 배 안에는 구조되지 못한 아이들이 있을 것으로 예상하고 밤낮없이 구조작업에 매달리지만 들려오는 좋은 소식은 없었다. 시민들은 아이들이 돌아오기를 바라는 마음으로 시청 앞 광장과 주변 대로변에 노란 리본을 묶었다. 하지만 그 리본이 색이 바래도록 아이들은 돌아오지 않았다.

마침 덕수궁 대한문 앞에서는 세월호 문제를 정부가 적극적으로 해결해 주기를 바라는 촛불기도회가 열리고, 한 민중가수가 노래를 하고 있었다. 아름답기도 하고 애잔하기도 한 "봄 쑥"이라는 노래다.

> 날마다 얇아지는 연한 손끝 사이로
> 봄 쑥을 뚝뚝 자른다.
> 검게 물든 쑥물 진한 향기에 잠깨어나면
> 누이 따라 나섰던 보리밭 일렁이던
> 초록색 파도가 아직도 내 귓가에 살아 숨 쉬는데
> 손잡고 맴돌던 강강술래와 같은
> 돌아갈 고향은 멀기만 한데
> 쑥 내음 맡으며 흰 구름 벗 삼아 넋이라도
> 내 갈 길이여 긴 세월 나아가리라
> 혼자서는 죽어도 못갈
> 강강술래 이루어 내는 진한 쑥물 같이 살리라
>
> [이해학 시, 김성만 곡]

어두워져 가는 덕수궁 돌담 아래 기대서서 노래를 듣노라니 왠지 모를 설움이 북받쳐 오른다. 그 설움의 이유가 무엇인지 알 수 없지만, 나 또한 약한 자로 이 세상을 살아왔기 때문인지도 모른다. 하지만 그의 노래에는 다시 일어서게 하는 힘이 있다. 설움에 지쳐 쓰러지는 것이 아닌, 세찬 바람 속에서도 푸른 싹을 틔워내는 봄 쑥처럼 마음을 다잡게 하는 무언가가 있다. 그것은 아마 이리저리 짓밟혀도 굴복하지 않고 진한 쑥물 향기로 다시 일어서게 하는 봄 쑥의 힘이 아닐까?

촛불기도회 한옆에는 쌍용자동차 해고노동자들의 시위 현장이 있고, 건너편 시청광장엔 여전히 세월호 문제로 만들어 놓은 부스마다 불이 켜져 있다. 이어서 한 무리의 기를 든 사람들이 구호를 외치며 지나간다. 내가 스무 살 때에 낭만을 찾으며 걸었던 덕수궁 돌담길은 여전히 변함이 없다. 아직도 충분히 낭만이 있고 가까운 벗들과 도란도란 이야기하며 걷고 싶은 길이다. 하지만 지금은 그 길 끝에서 가슴 아픈 외침을 본다. 시위 노동자들의 절규를 본다. 바람에 찢어져 너덜거리는 노란 리본을 본다. 그리고 우리네 백성들의 찢어진 가슴을 본다.

이제 이 덕수궁 거리에서 시위의 함성 그치고 애절한 사랑의 노랫소리 들렸으면 좋겠다. 손잡고 걷는 여인들의 애틋한 이야기만 남았으면 좋겠다. 시뻘건 눈으로 죽일 듯 바라보지 말고 서로가 눈웃음만 주고받으면 좋겠다. 쌍용자동차 노동자의 외침이 기쁨의 노래로 변했으면 좋겠다. 다시는 우리의 착하디착한 아이들 차가운 물속에 빠트리지 말고, 희망찬 미래를 안겨주는 좋은 나라가 되었으면 좋겠다.

모닥불을 피웁시다

도시의 새벽은 음산하다. 어둠에 싸인 도시를 깨우는 이는 언제나 힘없는 사람들이다. 누가 피웠는지 모를 모닥불 주위로 사연 많은 인생들이 몰려들고, 그들의 젖은 사연 불 위에 널다 보면 어느새 한두 명씩 제 갈 길로 팔려나간다. 날이 뿌옇게 변하도록 부름 받지 못한 인생들은 마지막 남은 불씨로 추운 마음을 달랜다. 그래도 주머니에 몇 푼 있는 사람들은 달디 단 커피 한 잔을 사들고 애써 아쉬운 마음을 다독거리기도 한다. 준비된 나무가 다 떨어지면 사람들은 이것저것 탈만한 온갖 잡동사니를 불속에 던져 넣는다. 아마 자신들의 한 많은 삶이든지, 지난날의 가슴 아픈 사연이라도 함께 모닥불 속에 던져 넣고 싶었으리라.

모닥불 불씨가 꺼져갈 즈음에 남아 있던 사람들도 하나둘 어디론가 떠나가 버리고, 커피 팔던 아주머니가 숱이 다 빠져버린 빗자루로 주변을 청소하면 금세 주변은 출근하는 인파로 채워진다. 그리고 아무도 새벽 모닥불 피우던 사람들에 대해 기억하지 않는다.

모닥불은 누군가를 이끄는 힘이 있다. 어린 시절 동네 논두렁에 작은 모닥불 하나 피워 놓으면, 부르지 않았어도 어디에선가 아이들이 와르르 몰려들었었다. 얼음을 지치다가 힘이 들면 모닥불을 쬐고, 얼음장이 깨어져 발이 젖었을 때도 모닥불에 젖은 양말을 말렸었다. 그러다 양말이라도 태워 먹으면 어머니에게 혼이 날 생각에 걱정이 한가득 밀려왔다. 누군가 집에서 감자 몇 알이라도 가져오면 아이들은 신이 났다. 모닥불에 새까맣게 구워진 감자를 앞 다투며 먹다보면 금세 손과 입 주위가 새카맣게 변해버렸었다. 겨울철 모닥불은 그렇게 개구쟁이들에게는 최고의 놀이공간이었다.

모닥불은 마음이 불안한 사람들에게도 피난처인 모양이다. 성경에 보면 예수님의 제자인 베드로가 예수님이 잡혀간 대제사장의 마당에서 곁불을 쬐는 장면이 나온다. 스승이 폭도들에게 잡혀가자 걱정이 된 베드로는 그들을 따라가지만, 한패로 엮여 불이익을 당할까봐 가까이 가지도 못하고 모닥불 쬐는 사람들 틈에 끼어 눈치만 보는 내용이다. 아마 당시의 긴박하고 불안한 상황 속에서도 모닥불은 베드로의 몸을 따뜻하게 감싸주었을 것이다. 하지만 마음까지 따뜻할 수 있었는지는 의문이 든다.

모닥불은 누구에게나 따뜻한 곁을 내어준다. 개구쟁이 아이들부터 새벽 인력시장의 노동자들까지 사람 가리지 않고 따뜻한 제 몸 내어주는 것이 모닥불인 것이다. 모닥불이 타기 위해서는 필수적으로 연료가 있어야 한다. 대부분의 막 피우는 모닥불에는 제대로 된 장작을 넣지 않는다. 그저 주변에 있는 불쏘시개 깜은 모두 연료가 된다. 평소에 대접받지 못하던 것들도 탈 수만 있다면 좋은 땔감이 되는 것이다. 그리고 그렇게 자신의 몸을 태워서 따뜻한 온기를 만들어 내고, 그 온기로 사람들을 불러 모으는 것이다.

때로 사람들은 남들이 자신에게 가까이 오지 않는다며 불평할 때가 있다. 하지만 불평하기 전에 자신이 다른 사람들을 따뜻하게 해줄 수 있는지를 반문해 보아야 한다. 따뜻하게 해줄 수 있는 준비는 고사하고 남을 고통스럽게 할 연기만 피우고 있다면 다시 한 번 자신의 인생을 진지하게 돌아보아야 한다.

세상 사람들이 필요로 하는 것은 따스한 온기이다. 세상이 추우면 추울수록 더욱더 그렇다. 세상이 각박해지고 의지할 것 없는 사람들에겐 그 작은 온기가 무엇보다 그립고 간절하다. 그렇기에 우리의 작은 배려와 관심으로 작은 사랑의 모닥불을 피우면 어떨까? 쓸데없는 배척과 대립으로 날을 세우거나 냉소와 무관심 대신에, 그 모든 것을 작은 통에 넣고 불살라 모닥불을 피우면 우리네 삶이 좀 더 따뜻해지지 않을까?

내일 새벽이면 누군가 또 이 자리에 모닥불을 피우고, 그 모닥불 주위로 힘겨운 인생들이 몰려들 것이다. 모닥불, 그것은 모든 이에게 언제나 따뜻한 고향이다.

낡은 것에 대한 소고(小考)

여름이 되니 매미 소리가 꽤 요란해졌다. 서울 한복판 어디에서 이렇게 많은 매미가 나타났나 싶을 정도이다. 오늘 근무하는 사무실 뒤쪽으로 가다가 뒤뜰 나무기둥에 매미 허물이 붙어있는 것을 발견하였다. 함께 갔던 딸아이는 기겁하면서 무서워한다. 이미 매미가 빠져나간 빈 허물이지만 나무둥치를 움켜쥔 날카로운 발톱이나 등껍질이 터져나간 모양새가 흉물스러웠던 모양이다. 나는 매미 허물을 한참을 바라보다가 문득 이 허물이야말로 참으로 아름다운 존재가 아닌가 하는 생각이 들었다.

매미가 하늘을 날며 성충으로 생활하려면 애벌레인 굼벵이 상태로 5~7년을 땅속에서 살아야 한다고 한다. 그 긴 세월을 어둡고 축축한 땅 속에서 살다가 어느 날 땅 뒤로 올라와서 주변의 나무로 기어 올라간다. 그리고 날이 밝기 전에 등껍질을 터트리고 매미의 성충이 나온다. 그러고 보니 땅속에 있던 매미 유충은 채 한 날의 햇빛도 못 보고 빈 허물로 남는 것이다.

사실 매미 성충의 그 아름다운 날개와 한껏 뽐내는 울음소리는 저 나무둥치에 붙어 있는 허물에서 나온 것이다. 그러니 바짝 말라있는 매미 허물도 참으로 아름다운 생애의 산물임을 알 수 있다.

우리는 종종 낡은 것을 하찮게 여긴다. 그러나 그 낡음 뒤에는 화려했고 아름다웠던 생애와 추억이 담겨 있음을 알아야 한다. 전에 영국에 갔을 적에 동네 교회에서 개설한 벼룩시장에 들러보았다. 외국이니 꽤 쓸 만한 물건이 있겠거니 하고 둘러보았지만 내게는 실망뿐이었다. 내가 생각했던 멋진 물건들은 별로 없었고, 우리나라에서는 공짜로 주어도 가져가지 않을 물건들만 수두룩하게 쌓여 있었다.

우리나라에서는 낡은 물건을 수집하는 경우는 대개 돈 될 물건이나 기념이 될 만한 물건일 경우이다. 그러나 서양 사람들은 남의 손 때 묻은 것을 좋아하는 것 같다. 어느 분이 내게 말하기를 남이 쓰던 물건은 나름대로 그 가치가 있다고 한다. 적어도 누군가에게 먼저 선택되었던 물건이기에 그 상품성이 인정받은 것이고, 그 물건이 자신에게 소용된다면 충분히 그 가치를 인정해 주어야 한다고 말했다.

그렇다. 남들이 가져가지 않아서 비록 쓰레기통에 들어가는 물건일지라도 그 물건을 사용한 사람들에게 지금까지 소용이 되고 기쁨이 되었으니, 비록 물건일지라도 그 삶이 아름답다.

그러니 아무리 낡은 물건이라고 해도 무시해서는 안 될 것 같다.

소설 '태백산맥'을 쓴 조정래 작가의 문학관에 가보면 그의 낡은 등산화와 수첩, 기타 사용하던 낡은 물건들이 전시되어 있다. 그가 소설을 쓰기 위해 수없이 지리산을 오르내리며 사용했던 것들이다. 그 낡은 물건들만 보더라도 그의 소설이 그냥 책상 앞에서 상상만으로 나온 것이 아니라는 것을 알 수 있다. 소설을 쓰기 위한 작가의 노고와 그동안 고생한 삶의 흔적이 그 물건에 고스란히 배어 있는 것이다. 그 사실을 아는 사람은 소설의 내용에 못지않게 그의 낡은 물건들에 더한 경외심을 느끼게 될 것이다.

이 세상의 아름다운 것들은 그냥 태어나는 것이 아니다. 그 아름다운 탄생을 위해 낡아지는 것들이 있다. 아름다운 그림을 남기며 날로 털이 빠져나가는 화가의 낡은 붓이나 조각가의 다 닳아빠진 조각도(刀), 무용수의 구멍 난 토슈즈(toeshoes), 요리사의 얇아진 칼날, 마라토너의 낡은 운동화, 강단 모서리에 스쳐서 소매 끝이 다 닳아빠진 내 구세군 유니폼……. 그 밖에도 많은 것들이 아름다운 탄생을 위해 스스로 낡아지고 있다. 이러한 것들은 비록 낡아졌을지라도 그 가치를 결코 하찮게 볼 수 없을 것이다. 어디 그런 것뿐이랴? 물건은 아닐지라도 열매를 거두기 위해 거칠어진 농부의 손마디, 자식을 위해 거칠어진 어머니의 손등과 아버지의 처진 어깨 또한 그냥 하찮게 보아 넘길 초라한 모습은 아니다. 오히려 자랑스럽고 소중하며 눈물겹도록 사랑해야 하는 모습들이다.

낡은 것은 정감이 있다. 우리와의 오랜 인연으로 낯설지 않고 새삼스럽지 않아서 은근히 끌리는 친근감이 있다. 오늘이라도 자신의 주변을 잘 살펴보면서 낡아졌기에 천대받으며 내 관심 속에서 사라진 것은 없는지 돌아보고, 그것으로 인한 내 아름다운 추억이 무엇이었는지 찬찬히 생각해 보아야 한다. 그리고 그 가운데서 작은 추억이라도 생각이 나면 입가에 작은 미소를 띠고 행복했던 옛 생각에 잠시 잠겨볼 일이다.

아픔까지 사랑한 나무

정신분석학에서 보면 방어기제(防禦機制, defense mechanism)라는 것이 있다. 간단히 설명하여 방어기제란, 사람이 내부, 혹은 외부로부터 심리적 위협을 받았을 때, 자신을 보호하고자 자아(Ego)가 무의식적으로 방어를 펼쳐내는 방식이라고 말할 수 있다. 특히 사람들은 외부로부터 어떤 공격을 받으면, 그것에 대하여 어떤 방식이든 대응하려는 생각이나 의식을 갖게 되고, 이러한 것이 행동으로 나타나게 된다. 그리고 이러한 행동들은 부정적인 방법으로 나타나는 사람도 있고, 긍정적인 방법으로 나타나는 경우도 있다.

그러고 보면 식물에서도 그와 비슷한 현상을 발견할 수 있다. 어떤 식물이 벌레의 공격을 받으면, 자신의 잎에서 화학물질을 뿜어내어 해충을 물리치는 경우이다. 사람들이 등산하며 숨을 들이켤 때, 나무에서 품어져 나오는 피톤치드도 그의 일종이다. 가뭄이 들면 잎을 떨굼으로써 수분 증발을 감소시키는 것이나, 영양분이 부족할 때 열매를 적절히 떨구어 자신의 생명을 유지하는 것도 같은 이유로 설명할 수 있다. 어찌 보면 세상의 모든 것들은 처음부터 자신을 보호하려는 방어기제를 타고났는지도 모른다.

그런데 문제는 이러한 방어기제가 부정적으로 나타날 때에 인간관계는 어색해지거나 서로의 단절로 이어질 수 있다. 어떤 사람이 자신에게 공격적인 말을 했을 때에 자신을 보호하려는 부정적 방어기제가 작동하면, 사람들은 분노하거나, 변명하거나, 회피하거나, 합리화하려고 할 것이다. 반대로 긍정적인 방어기제로써 상대방을 이해하려고 한다거나, 좋은 쪽으로 생각하거나, 유머로써 넘기는 경우도 있을 것이다. 하지만 제대로 성숙한 인격을 갖지 않는 이상 처음부터 긍정적인 반응을 기대하기는 어려울 것이다.

얼마 전 아이들 문제로 심각한 정신적 도전을 받은 적이 있었다. 그때 내게는 두 가지 반응이 일어났다. 하나는 긍정적인 면에서 수용과 이해였고, 부정적인 것으로서는 자기 합리화와 변명이었다. 긍정적 반응은 이타적인 반응이었고, 부정적 반응은 자기보호 본능이었다. 그 후 잠시 고민에 빠졌었다. 나는 왜 이타적인 반응에서 멈추지를 않았을까? 왜 변명과 자기 합리화를 하려고 버둥거렸을까? 어찌 보면 당연한 반응일 수 있지만, 썩 석연치 않은 결과였다.

오늘 등산을 하다가 한 나무를 발견했다. 어른 팔뚝보다 조금 더 굵어 보이는 나무하나가 작은 바위에 기대고 있었는데, 신기한 것은 나무의 껍질이 바위의 날카로운 부분을 감싸고 있는 것이었다. 자세히 들여다보니 언젠가 날카롭게 깨어진 바위 하나가 굴러와 나무를 압박하게 된 것 같았다. 바람이 불 때마다 그다지 굵지 않은 나무는 흔들렸고, 흔들릴 때마다 날카로운 바위모서리는 나무의 줄기에 생채기를 내었던 것이다. 결국, 이 나무는 중대한 결정을 해야 했다. 그리고 그 결정은 참으로 아름다운 결정이었다. 나무는 자신의 생채기에서 진을 내고 여분의 껍질을 생산시켜 날카로운 바위모서리를 감싸기 시작한 것이다. 그래서 지금은 나무와 바위가 한 몸처럼 붙어서 더는 상대에게 상처를 주지도 않고, 또 상처를 받지 않는 관계가 된 것이다. 그뿐만 아니라 나무가 바위를 감싸 안음으로써 이제는 웬만한 바람에는 흔들리지 않게 된 것이다. 처음에는 자신에게 아픔을 주던 바위를 사랑으로 포옹함으로써 서로에게 유익을 주는 존재가 된 것이니, 참으로 아름답고 긍정적인 방어기제가 발동한 것이다.

사람들은 왜 이런 아름다운 방어기제를 나타내지 못하는 것일까? 자신에게 아픔을 주는 사람을 사랑으로 끌어안는 것이 결국 서로를 위한 것이라는 것을 정말 모르는 것일까? 아마 모르기 때문은 아닐 것이다. 사랑이라는 반응보다도 더 빠르게 분노가 찾아오고, 자기 보호본능이 자신을 변명하게 만들기 때문일 것이다. 그러나 실망하지 말고 더욱 노력할 일이다. 연약한 나무가 바위를 감싸 안기까지 얼마나 많은 아픔이 있었을 것이며, 얼마나 많은 인내와 시간을 필요로 했을 것인가. 그러한 아픔의 긴 시간이 지나고 어느 순간에 그들은 한몸이 된 자신들을 발견했을 것이다.

그러니 참고 기다릴 일이다. 생채기에서 나온 진물이 끈끈한 진액이 되고, 아픔으로 너풀거리던 껍데기가 자신을 아프게 한 사람을 끌어안을 때까지 그렇게 인내할 일이다. 작은 등산로에서 보았던 그 대견스런 나무처럼…….

벤치에 앉아서

한적한 공원을 걸었다. 따사로운 가을 햇살이 부드럽게 얼굴에 와 닿는다. 시월의 햇살은 어느 시인의 기도처럼 마지막 과일을 익게 하는 정열의 빛이면서도, 여름날의 햇살처럼 끈적이지 않아서 좋다. 공원엔 두어 사람이 산책할 뿐 사방이 고요하다. 여기저기 놓여있는 벤치는 주인을 찾지 못하고 외롭게 자리를 지키고 있다.

등 뒤로 햇살을 받을 수 있는 제일 쓸쓸해 보이는 벤치로 다가가 앉았다. 지금은 아무도 앉은 이 없는 벤치지만, 수많은 사람이 앉아서 사색하거나 이야기를 하고, 또 조용히 책을 읽던 자리인지도 모른다.

문득 이곳에 앉았다 간 수많은 사람이 궁금해진다. 도대체 어떤 사람들이 앉았다 갔을까? 그들은 이곳에서 무슨 이야기를 나누었을까? 사랑의 밀어를 나누지는 않았을까? 아니면 작은 오해로 말다툼하다가 눈물 한 방울 적시고 일어났을까? 어쩌면 인자한 할머니가 아픈 허리를 쉬며, 어린 손자가 뛰노는 것을 흐뭇하게 바라보던 자리인지도 모른다.

아니, 그렇게 낭만적인 자리가 아닐 수도 있다. 갈 곳 없는 노숙자에게 하룻밤을 제공해주던 벤치였을 수도 있다. 혹은 자기 맘 몰라주는 부모가 미워서 생각 없이 뛰쳐나온 열일곱 혈기 많은 아이가, 밤이슬을 맞으며 마음 삭이던 곳인지도 모른다.

어찌 되었든 모든 사람의 기쁨과 슬픔을 담담하게 받아주는 이 벤치가 사랑스럽다. 누구라도 찾아올 수 있고, 앉았다가 가버린다 해도 서러울 것 없는 벤치가 대견스럽다. 비가 오나 눈이 오나 언제나 그 자리를 지키고 있는 벤치는 실향한 사람들이 그리워하는 고향과 같다.

내 마음속에도 작은 의자가 하나 있다. 지나간 세월 수많은 사람이 그 의자에 앉아 많은 사연을 남겨놓고 가버렸다. 때때로 눈물 나도록 그리움을 심어주고 간 사람도 있었고, 내 눈물을 닦아주고 내 상처를 싸매주던 고마운 사람들도 있었다. 하지만 아픈 눈물을 남겨놓고 가버린 사람, 가슴에 날카로운 가시를 박고 가버린 사람, 아직도 치유 받지 못할 상처를 주고 간 사람도 있다.

아직도 내 마음의 의자는 비어 있고 누군가를 기다리는데, 이제는 아름다운 사연을 남겨주고 갈 사람이 앉았으면 좋겠다.

한겨울 눈보라가 몰아쳐도 가슴에 품은 훈훈함으로 내 마음을 녹여줄 사람이 앉는다면 그 따뜻함이 참으로 정겹겠다. 힘겨운 삶을 살다가도 이따금 미소를 짓게 하는 유쾌하고 명랑한 사람들이 찾아온다면, 함께 마음껏 따라 웃을 수 있어서 행복하겠다.

하지만 내 마음의 의자 역시, 이 공원의 빈 벤치처럼 누구라도 반갑게 맞아주고 품어줄 수 있는 그런 의자가 되었으면 좋겠다. 작은 상처에 가슴 아파하고 토라지는 속 좁은 의자가 아니라 모든 사람을 넉넉한 품으로 안아주는 마음 따뜻한 공원 벤치가 되고 싶다.

기차를 타며

오늘도 대전역에서 기차를 탄다. 서울에 볼일이 있어서 가는데, 승용차보다는 좀 더 여유로움을 즐길 수 있는 기차가 좋아서 종종 이용하는 편이다. 시간을 다투는 바쁜 일만 아니라면 난 언제나 무궁화호를 즐겨 탄다. 차비가 싸기 때문이 아니라 느리게 갈 수 있어서 그걸 탄다. 아마 더 느리게 가는 기차가 있다면 난 주저 없이 그 기차를 선택했을 것이다.

내가 좀 더 느리게 가는 기차를 좋아하는 까닭은 잠시라도 차창을 보며 여유로운 시간을 갖고 싶어서였다. 승용차를 타고 서울을 가다 보면 늘 긴장하게 되고, 마음의 여유를 가질 틈도 없다. 그래서 볼일을 보고 돌아오면 언제가 피곤함이 몰려온다. 하지만 기차를 타고 가면 적어도 목적지에 도착하기까지는 나만의 여유로운 시간을 가질 수 있는 것이다. 특히 기차만의 매력이랄까? 수많은 사람 틈에 있으면서도 나만의 자리에서 나만의 시간을 가질 수 있는 것, 그것이 기차여행의 재미이다.

기차를 타고 가다 보면 언제나 재미있는 상상에 빠지게 된다. 내 옆자리에는 누가 앉게 될지, 내 의사와는 상관없이 내 옆에 앉아가게 될 사람이 누구인지 궁금해진다. 혹시 멋진 여인이 그 자리에 앉지는 않을는지 엉큼한 상상도 한 번쯤 해볼 만하다. 그러나 누구면 어떠랴, 어차피 요즘은 옆자리에 누가 앉든지 별로 신경들을 쓰지 않는 것 같다. 그만큼 남의 일에는 무관심해진 까닭일 것이고, 한 편으로는 남의 프라이버시를 생각해서 애써 무관심한 척 해주는 까닭일 게다. 괜히 쓸데없이 말을 걸었다가 이상한 사람으로 보일지도 모를 일이다. 그래서 나는 나이가 지긋한 노인들이라면 모를까 내가 먼저 말을 거는 경우는 거의 없다. 더구나 내가 기차를 타는 이유는 알지 못하는 사람들과 안부를 묻고, 세상 돌아가는 이야기를 나누는 데 있지 않기 때문이다.

나는 기차를 타고 창밖을 보는 것을 즐긴다. 늘 보아왔던 풍경들이지만 기차의 차창으로 보이는 세상은 묘한 매력이 있다. 차 창밖 저만치에서 내 어린 시절의 추억들이 지나가고, 언젠가 가보았던 것 같은 작은 동네 어귀가 보이고, 내 아버지를 닮은 농부가 보인다. 작은 기찻길 건널목의 노란 얼룩 막대 앞에서 다소곳 고개를 숙이고 기차가 지나가기를 기다리는 젊은 처녀는 내 어렸을 적 짝사랑했던 순이를 닮았다. 알 리가 없는 사람들이지만 모두가 정겹게 느껴지는 것은 차창 밖으로 아련히 보이는 얼굴들이기 때문일 것이다. 모두가 내 오랜 친구들만큼이나 정겹고 그리운 모습들이다.

느리게 가는 기차일수록 서는 역이 많다. 기차가 플랫 홈에 들어설 때마다 많은 사람이 내리고, 또 바쁘게 기차에 오른다. 말끔하게 차려입은 저 신사는 누구를 만나러 가는 것일까? 저 보따리를 손에든 노파는 당연히 딸네 집에 가는 것일 테고, 보따리 속에는 손자 녀석에게 줄 과자 몇 봉지가 들었겠지? 어쩌면 아침 일찍 밭둑에 나가 이슬에 젖은 호박잎 한 움큼도 따 넣었을지도 모를 일이다. 한참을 혼자서 생각하다가 너무나 틀에 박힌 상상에 내 자신이 괜스레 우스워진다.

어느새 내가 가는 목적지는 잊어버리고 다른 이들이 가는 목적지가 어디인지 궁금해진다. 하지만 결국 난 아무에게도 그들의 행선지를 묻지 않았다. 그들의 행선지는 몰라도 분명히 알 수 있는 것은, 기차가 종착역에 정차하면 우리는 모두 이 기차에서 내려야 한다는 것이다. 어쩌면 더 가고 싶어도 갈 수 없기에 차라리 기차가 천천히 달려주기를 바라는지도 모른다. 오십 중반을 달리는 내 인생처럼…….

기차가 수원을 지날 때 난 다시 창밖을 본다. 얼마 남지 않은 시간에 난 충분히 이 분위기를 즐겨야 한다. 하지만 이제 희미해진 눈동자로 차창을 내다보는 것은 별스럽지 않다. 내가 이제부터 차창 밖을 보는 것은 경치를 구경하기 위해서가 아니라, 상념에 잠기고 싶어서이다. 애쓰지 않아도 떠오르는 소소한 생각들과 그 안에 있는 나의 달콤한 일상을 되새김질해본다. 그리고 그 생각의 끝에서, 떨어진 지 겨우 두 시간도 안 되는 아내가 그립고, 아이들이 보고 싶다. 그리고 무엇보다 오늘도 내가 해야 할 일이 있고, 어디론가 갈 수 있는 목적지가 있다는 것이 무척이나 다행스럽고 행복하다.

기차가 한강을 넘는다. 내가 내릴 때가 다 되었다는 것을 의미한다. 손에 무엇을 들고 다니는 것을 싫어해서 가지고 있는 짐이 없으면서도, 방송안내에 따라 습관처럼 주변을 살펴본다. 역시 내가 앉았던 자리에는 아무것도 없다. 다만 곱씹다만 내 삶의 작은 부스러기들과 내가 살아있음을 증명하듯, 앉았던 자리의 따스한 온기만이 떠나는 빈자리를 지키고 있다.

비에 젖고 추억에 젖고

무주구천동 계곡을 걷는 것은 30여 년 만이다. 대학시절 문학 동문들과 수련회를 왔던 적이 있는데, 그 후로 수없이 이 앞을 지나쳤지만 정작 계곡 길을 걸어보지는 못했었다. 올해 여름 몇몇 지인들과 그 계곡을 다시 찾은 것은 내게 큰 기쁨이었다. 구천동 계곡의 주변 상황은 예전과 사뭇 달랐지만 맑은 물과 아름다운 경치는 변함이 없었다.

계곡을 따라 걷는 길은 평탄해서 나 같이 등산을 못 하는 사람도 산책하듯 쉽게 걸을 수 있었다. 며칠 비가 온 탓에 바위를 휘감고 흐르는 물길 따라 물안개가 피어오르고, 높은 산봉우리에도 하얀 구름이 걸려 있었다.

길 따라 즐비하게 서 있는 나무들의 이름표를 출석 부르듯 읊조리며 얼마를 올라갔을까, 갑자기 후드득 비가 쏟아진다. 앞서가던 사람들이 손수건을 뒤집어쓰고 비를 피해 뛰어 내려온다. 나도 그들을 따라 뛰어 내려가려는데, 함께 갔던 지인 한 분이 솔깃한 제안을 한다.

"오늘은 그냥 비를 맞아 보시죠?"

그는 이미 비를 즐길 요량으로 느린 걸음을 걷고 있었다. 순간 그 제안이 반갑게 들린 것은 무엇 때문일까?

사실 소년시절에는 비를 참 좋아했었다. 초가집 처마 지푸라기를 타고 내려오는 빗줄기를 보는 것도 즐거운 일이지만, 우물 옆에 세워둔 토관 속에 들어가 까만 박쥐우산으로 지붕을 만들어 씌우고 우산에 부딪치는 빗소리를 듣는 것도 재미있는 일이었다.

사춘기 때에는 반항이라도 하듯 검정교복이 흠뻑 젖도록 시내를 걷는 것을 좋아했다. 그때는 아무리 비가 쏟아져도 절대로 뛰는 법이 없었다. 남들이 비를 피해 뛸 때에 나는 그 비를 즐기며 걸었었다. 그때는 그것이 내가 사는 방법이었다. 어쩌면 그때는 비에 젖어도 잃을 것이 없는 시대였는지도 모른다. 오히려 비를 맞음으로써 채워지지 않는 마음의 갈증을 달랬었고, 그저 갖지 않은 소년이 많이 가진 자들에게 보여주는 무언의 항변이기도 했다.

하지만 세월이 흐르면서 비 맞는 일은 점점 없어졌다. 그리 중요할 것도 없는 소지품 몇 가지와 비쌀 것도 없는 단벌옷이 젖을까봐, 남들이 비에 젖은 내 몰골을 어떻게 볼까 하여 전전긍긍하는 신세가 된 것이다. 좀 더 심각한 이유를 대라면 산성비에 얼마 남지 않은 머리카락이 빠질까 염려되거나 얼마 전에 바꾼 휴대전화가 젖을까 염려되는 정도였다.

하지만 이런 아름다운 계곡에서 비를 맞아볼 기회가 또 어디 있겠는가? 생각이 이쯤 미치자, 남의 우산을 빌려 쓰고 내려가던 아내에게 지갑과 휴대전화를 맡겼다. 그리고 그동안 나를 얽어매던 모든 것들을 계곡물에 던져버렸다. 갑자기 몸이 가벼워지고 마음이 한없는 자유로움으로 편안해진다.

하늘을 본다. 뿌연 하늘에서 가는 빗줄기가 쏟아져 내리며 내 입술을 간질인다. 이리 반가운 해후가 어디 있으랴? 30년쯤 헤어졌다가 다시 만난 첫사랑과의 입맞춤이 이처럼 짜릿하랴? 빗물은 얼굴을 타고 흘러내리며 온몸을 적신다. 빠듯한 삶 속에 목말랐던 몸뚱이가 빗물을 빨아들인다. 생기가 돈다.

그래, 가끔은 이렇게 젖어보는 것도 나쁘지 않으리라. 가끔은 느린 걸음으로 걸으며 나를 향해 쏟아지는 빗줄기를 여유롭게 즐길 일이다. 세상을 살다 보면 시련의 궂은 비도 많이 내릴 텐데, 그때마다 허둥댈 필요는 없지 않은가? 차라리 무심한 척 비를 맞다 보면 언젠가 햇빛도 비치리라. 하지만 오늘은 그저 비에 젖고, 추억에 젖고, 그리움에 젖어볼 일이다.

반창고

가시나무도 아니면서, 연약한 나무도 아니면서 무엇이 그리 두려운지 나무둥치를 살벌한 가시로 무장한 나무가 있다. 그 가시의 크기는 가히 어른 손가락 길이만 하다. 누구든지 접근하면 찔러버릴 기세다. 바로 조각자나무라는 것이다. 전주에 있는 작은 수목원에서 이 나무를 처음 보았을 때에 참 신기하게 느껴졌었다. 전에 보지 못했던 나무이기도 했지만, 그 가시의 위용에 주눅이 들어버렸다. 어떤 적으로부터 자신을 방어하기 위해 저토록 무서운 가시로 무장을 했을까? 저 나무를 그토록 두렵게 하는 것은 무엇일까? 아니면 그저 다른 존재를 위협하기 위한 자신의 허세일까? 이유는 알 수 없지만 정말 가까이할 수 없는 그런 존재가 조각자나무이다.

세상에는 이 나무처럼 서로에게 곁을 내어주지 않고, 서로에게 상처만 주는 존재들이 있다. 그중에서 사람이야말로 서로에게 가장 상처를 많이 주는 존재인지도 모른다. 그래서 가끔은 '너 때문에' 내 가슴이 아프고, 가끔은 '나 때문에' 네 가슴이 아픈가 보다.

수개월 전에 '반창꼬'라는 영화를 아이들과 함께 본적이 있다. 소방관인 남자 주인공과 의사인 여자 주인공이 서로의 아픔을 치료해 가며, 사랑을 확인하는 내용이다. 왜 제목이 '반창꼬'인지 궁금했다. 의사가 주인공으로 나와서인가? 영화가 끝나갈 즈음에야 그 제목의 의미를 짐작하게 되었다. 반창고는 언제든지 사람의 상처에 쉽게 붙여줄 수 있는 손쉬운 의료도구이다. 아이들이 넘어져 무릎이 깨어져도 반창고 하나면 해결되는 시대가 있었다. 칼에 베여도 반창고, 넘어져 무릎이 까져도 반창고, 무엇을 붙여야 하는데 접착테이프가 없을 때도 반창고가 그 자리를 대신했다. 그렇게 반창고는 대단한 유세를 떨지 않으면서도 남의 상처를 가려주고, 치료해 주기도 했다.

오늘 영화의 두 주인공이 그렇게 서로에게 반창고 같은 존재가 되어갔다. 처음에는 자신의 이익을 위해 여주인공이 남자에게 접근하고, 그런 여주인공을 향해 남자주인공은 날카로운 가시를 내밀며 접근을 불허한다. 어찌 보면 속물적인 여성과 세상에 대해 불만 많은 남자의 이야기처럼 보인다. 하지만 시간이 흐르면서 그들은 서로의 상처를 발견하고, 그러면서 서로의 상처를 보듬어 주는 사이로 발전해 나간다. 서로가 서로에게 대단한 존재는 아니지만, 그저 작은 상처를 가려주는 반창고처럼 그렇게 잔잔한 감동을 주며 영화는 끝난다.

우리가 사는 동안에 나도 모르게 이웃을 향해 가시를 세울 때가 있다. 자신도 모르게 그 가시에 위협당하거나 찔려서 고통 받는 이웃이 있다. 그러면서도 우리는 나를 향해 가시를 내밀고 있는 다른 사람들만 원망한다. 나로 인해 다른 사람들이 고통 받는 것은 생각지 않고, 내가 받은 고통만 불평할 때가 많다. 이제는 그런 가시는 내려놓아야 한다.

사실 인간이 가지고 있는 가시는 양쪽이 다 날카로워서 남을 찌르면 찌를수록 자신도 함께 찔린다는 사실을 깨달아야 한다. 이제는 우리도 영화의 주인공들처럼 다른 이들의 상처를 감싸 주는 반창고 같은 존재가 되었으면 좋겠다. 우리가 남들에게 대단한 존재는 못되어도 언제나 가까이 있어서 서로가 기댈 수 있는 존재가 된다면, 봄날 창가에 비치는 따사로운 햇살만큼이나 포근하겠다. 나의 존재는 잊힐지라도 나로 인해 다른 이들의 상처가 아물어 감을 볼 수 있다면, 그리고 그것이 우리의 즐거움이 될 수 있다면 우린 정말 행복하겠다.

어울림의 미학

예배당의 꽃꽂이를 볼 때마다 참 예쁘다는 생각을 한다. 제일 먼저 눈에 들어오는 것은 가장 진한 색깔을 가진 꽃들이다. 그리고 이어서 주변에 늘어선 다른 꽃들과 배경을 이루고 있는 나뭇잎사귀들과 여러 가지 소재들이 눈에 보인다. 처음에 꽃꽂이를 볼 때는 꽃을 꽂아 놓았으니 당연히 예쁜 것이라고 생각하겠지만, 가만히 들여다보면 꼭 그것만은 아니다. 꽃꽂이를 해 본 사람이라면 잘 알겠지만, 꽃을 예쁘게 꽂는다는 것이 그리 만만한 것은 아니라는 것을 알게 된다.

물론 한 송이 꽃을 바라보거나 아무렇게 꽃 한 묶음 항아리에 꽂아 놓아도 그 나름의 아름다움이 있다. 하지만 내가 꽃꽂이에서 보는 아름다움은 꽃이 지닌 아름다움이 아니라 그 어울림의 아름다움을 말하는 것이다. 한 종류의 꽃이나 혹은 여러 종류의 꽃이라도 어울리게 꽂으면, 서로의 아름다움을 침범하지 않으면서도 서로의 역할을 훌륭하게 감당하며 하나의 작품으로 탄생된다. 자연화와 꽃꽂이의 다른 점이 여기에 있는 것이다.

꽃꽂이에 있어서 중요한 것은 단지 예쁜 꽃만이 아니다. 거기에 소용되는 여러 가지 색을 가진 꽃들과 전혀 어울릴 것 같지 않은 푸른 잎사귀들, 때로는 나뭇가지나 열매, 그리고 그 꽃을 담아내는 수반까지 모두가 중요하다. 이러한 모든 것들이 조화롭게 어울려서 아름다운 꽃꽂이로 탄생되고, 보는 사람들의 눈과 마음을 즐겁게 한다.

우리의 음식에도 그런 어울림의 미학을 보여주는 것이 있는데 바로 비빔밥이다. 어린 시절 궁핍하던 때에는 어울림이고 뭐고 없었다. 그저 식은 밥에 열무김치와 고추장 한 수저 넣고 비비기만 해도 꿀맛이었던 때가 있었다. 진간장에 참기름이나 마가린 한 조각, 거기에 날달걀 하나라도 들어가면 최고였었다. 하지만 여러 가지 채소와 나물, 그리고 약간의 맛깔스러운 양념들이 들어가야 제대로 된 비빔밥이라고 할 수 있다. 지난번 전주에서 먹었던 그 유명한 전주식 비빔밥은 그 모양이나 맛에 있어서 단연 최고였다.

비빔밥에 있어서 중요한 것은 재료의 어울림이다. 서로 다른 나물들과 양념들이 한데 어울려 잘 버무려져야 제맛을 낼 수 있다. 어떤 한 재료의 맛이 너무 강하거나 밥알과 잘 섞이지 않으면 비빔밥의 그 오묘한 맛을 기대할 수 없다. 그래서 솜씨 좋은 요리사는 재료에 따라 적당히 데치거나 삶아서 서로 다른 재료들이 어울리게 하고, 여러 가지 양념들의 양을 잘 계산하여 가장 맛깔스러운 양념장을 만들어 낸다.

이 세상의 것들은 대부분 어울림으로써 그 아름다움을 배가시키고, 세상을 조화롭게 만들어 가고 있다. 아마 하나님께서 인간을 만드시고 '참 좋았다'라고 말씀하신 것도 단지 인간의 모습이 예뻐서만은 아닐 것이다. 세상 만물과 어울린 인간의 모습이 참으로 아름다웠던 것은 아닐까? 하지만 어느새 인간들은 어울림의 미학을 깨트리고 자신의 아름다움만 내세우려고 한다. 자신을 돋보이려고 남을 짓밟고, 자신의 그림자 아래 다른 사람을 가두려 한다.

인간들은 자신만을 위해 서슴지 않고 자연을 파괴하고, 이기적인 생각과 생활방식으로 세상을 점점 어지럽게 만들어 가고 있다. 그래서 자연과 인간을 떼어 놓아야 아름다움이 지켜지고, 이웃과 이웃을 떼어 놓아야 평화가 이루어진다. 시어머니와 며느리를 떼어놓고, 자식과 아비를, 형과 아우를 떼어놓아야 한다. 하지만 그렇게 한다고 할지라도 하나님이 말씀하신 '참 좋았다'라는 세상은 결코 오지 않을 것이다. 강단을 장식한 꽃꽂이처럼 자신을 내세우지 말고 서로서로 조화롭게 어울리고, 맛있는 비빔밥처럼 서로를 희생하며 버무려질 때, 인생은 참으로 멋있는 삶이 되어질 것이다.

얼마 전 교회에서 꽃꽂이하는 모습을 본 적이 있다. 꽃을 꽂던 분이 무엇인가 만족하지 않은 듯 한참을 들여다보더니, 조금 길어 보이는 장미 한 송이를 빼내어 가위로 조금 자르고 제자리에 다시 꽂았다. 그리고 뒤에 너무 누워버린 팔손이 잎을 세우고는 지그시 바라본다. 이내 그의 입가에 미소가 감돈다.

혼자 걷는 길

혼자 길을 걸었다. 혼자 길을 걷는다는 것은 외로움을 감수하겠다는 것이다. 지나간 이야기들에 대해 재잘거릴 수도 없고, 커가는 아이들에 대해서 이야기할 사람도 없다. 아름다운 경치를 보아도 함께 감탄하며 그 즐거움을 나눌 수도 없다. 길을 걷다가 쉬는 길가의 작은 벤치에서도 혼자서 멍하니 하늘을 바라보아야 한다.

그러나 혼자서 길을 걸으며 얻는 즐거움들도 있다. 바쁜 삶 속에서 잊고 있던 자신을 만날 수 있다. 내 마음에 쉴 새 없이 질문을 해대며 재잘거릴 수 있고, 남들에게 말 못했던 진실한 대답을 들을 수도 있다. 잘못 살아온 자신에게 꾸지람할 수도 있고, 고집스런 자신을 조용히 타이를 수도 있다. 때로는 수줍음에 말 못했던 은밀한 고백을 마음속에서 되뇔 수도 있고, 소심함에 표현하지 못했던 자신의 마음을 용기 내어 고백할 수도 있다. 때로는 우습고 소용없는 짓일지라도 혼자서 길을 걷다 보면 그동안 몰랐던 자기를 만나게 되고, 하고 싶은 말이나 가슴에 담아두었던 모든 말들을 끄집어내어 소리 낮게 중얼거리며 멋쩍은 웃음을 지을 수 있다.

하지만 혼자서 길을 걸으며 얻는 즐거움 중에 으뜸은 글을 줍는 기쁨이다. 글을 줍는다고 해서 글 쓰는 수고를 무시하는 것이 아니다. 길을 걸으며 사색하는 동안 떠오르는 생각들을 마음에 주워 담아 책상에 앉아 글로 엮어 놓으니, 그 글을 얻음이 억지스럽지 않고 자연스러워 줍는다고 말한 것이다.

바쁜 일상에 매어 살다 보면 글 쓰는 감성도 사라지고 그런 마음의 여유도 갖기 어렵다. 그래서 때때로 일상에서 벗어나 자연 속에서 길을 걸으며 사색하는 시간도 필요한 것이다. 그러나 여럿이서 함께 떠나는 길은 서로 이야기를 나누며 재미있는 시간을 보낼 수는 있지만 혼자서 자신을 돌아보거나 사색에 잠길 여유가 없다. 더구나 혼자서 입 다물고 생각에 잠기는 것은 함께 가는 사람에게 예의가 아닐 것이다.

그러니 때로는 혼자서 길을 떠날 일이다. 아무것에도 매임이 없이 홀가분하게 길을 떠날 일이다. 누구에게 물어볼 것도 없이 걷고 싶을 때 걷고, 쉬고 싶을 때 쉬는 자유를 느껴야 한다. 오직 나 자신과 이야기하고 눈에 보이는 아름다운 사물들과 이야기를 나누면서 그동안 듣지 못했던 자신의 진실한 이야기와 만물의 속삭임을 들어야 한다. 그 이야기만큼 진솔하고 아름다운 사연들이 어디 있을까?

하루의 여행을 마치고 돌아와 책상 앞에서 조용히 눈을 감고, 오늘 들었던 사연들을 정리해 보자. 남들이야 어떻게 보든지 자신에게야 멋진 글이 되지 않겠는가? 그러면 된 것이다. 남들에게 보이기 위한 글이 아니고 자기 자신에게 진솔하게 보여줄 수 있는 글이 나름 더 아름답지 않을까 생각해 본다. 인생을 살아가다가 가끔 지루해지고 마음이 답답할 때, 언젠가 써 놓았던 글을 꺼내 읽으며 조용히 미소 짓자. 바쁜 일상에서 나를 잊어버렸다고 생각되면 언제라도 그 글을 읽으며 진실했던 원래의 자신을 만나보자. 아니, 어쩌면 지금보다 더 어리석었던 자신을 만날지도 모르지만 실망할 일은 아니다. 그만큼 내가 바르게 살아왔다는 것이 증명된 셈이니까 오히려 기분 좋아질지도 모를 일이다.

오늘 혼자서 길을 걸었다. 나의 내면의 자아와 스쳐 가는 바람과 길가에 구르는 낙엽들이 나에게 계속 무어라 속삭인다.

그리운 꽃, 그리운 사람

길을 걷다 보면 거리마다 아름다운 꽃들을 본다. 계절마다 형형색색으로 피어서 보는 이들을 즐겁게 해주는 꽃들은 참으로 천사와 같다. 바람 불 때마다 수많은 꽃송이가 서로를 보아달라는 듯 아우성이다.

요즘은 어디를 가나 화단이 잘 정돈되어 있고, 계절에 따라 갖가지 꽃들이 그 자리를 차지한다. 내가 꽃 이름을 그리 모르는 편은 아니지만, 요즘에는 전에 보지도 못하던 꽃들이 종종 등장하여 호기심을 자극한다. 그 꽃 이름이 무엇일까 하여 사람들에게 물어보아도 대부분 잘 알지 못한다. 같은 모양의 꽃이라도 작은 색깔의 차이나 크기에 따라서 품종이 다른 것도 많다. 그래서 궁금한 꽃 이름을 알고자 인터넷을 뒤져보기도 한다.

도시의 거리에는 온통 서양에서 들여온 꽃들이 자리를 차지하고 있다. 그 이름도 생소하여 듣기는 했지만, 곧잘 잊어버린다. 하지만 어렸을 적 들었던 우리 꽃 이름은 정겨움을 더한다. 뒷동산에서 놀다가 한 움큼 꺾어 오던 노랑원추리 꽃, 꽃잎을 뽑아 쪽쪽 꿀을 빨아 먹던 꿀 풀, 새초롬했던 제비꽃, 꽃물로 연애편지 쓴다고 두근거리는 마음으로 절구에 넣고 찧던 파란 달개비 꽃, 저녁 무렵 장독대 옆에서 새색시처럼 단장하고 피어나는 분꽃, 여동생들 따라서 손톱에 물들이던 빨간 봉선화, 모두 그리운 꽃들이지만 이제 어느 시골에나 가야 볼 수 있는 것들이다.

우리 꽃에는 그리운 향기가 있다. 하지만 서양에서 들여온 꽃은 예쁘지만 대부분 향기가 없거나 우리에게 익숙한 향기가 아니다. 그러나 그 모양이 화려하기에 요즘 도로변에나 화분에는 온통 외국에서 들여온 꽃들로 가득하다. 가끔 거리를 지나면서 우리 꽃들로는 거리를 장식할 수 없는 걸까? 하는 생각이 자주 든다. 진딧물이 많이 낀다고 우리 토종 무궁화가 사라지고, 그 자리에는 더 화사하고 오래가는 생소한 이름의 무궁화 비슷한 꽃이 자리하고 있다. 아마 사람들은 더 화려하고, 실용적인 꽃을 선호하는 것 같다.

그래서인지 요즘 사람들도 외모 지상주의에 빠져, 그 사람의 내면의 향기를 보지 못하고 외모만 중요시한다. 남자나 여자나 성형중독에 빠져있다. 가끔 TV를 보다가 예쁜 여자 가수들이 나와서 내가 아는 가수 이름을 대면, 전혀 다른 사람이라고 딸 아이들에게 핀잔을 듣는다. 내가 보면 그 사람이 그 사람 같은

데, 비슷한 성형에 비슷하게 화장을 하고, 거기에 옷도 비슷하게 입으니 알아볼 도리가 없다.

나만 그리 느끼는지 몰라도 요즘은 모든 것이 예쁜 세상이 되었다. 거리를 지나는 젊은이들도 다 멋지고 예쁘다. 그래서 이젠 웬만한 미남 미녀를 보아도 별스럽지 않다. 마치 화원에 있는 꽃들이 다 예쁘게 보이듯이, 세상은 예쁜 것들로 가득하고 사람들은 더 예뻐지려고 노력을 한다.

나이 탓일까? 때로는 투박스러우나 자연스럽고, 소탈한 것들이 그립다. 미남 미녀는 아니어도 살갑게 말 섞을 수 있는 그런 사람이 그립다. 예쁘지는 않아도 정겨운 향기를 품은 내 고향 뒷동산에 지천이던 꽃들이 그립다.

골목길을 돌아 나오는데, 어디서 고소한 냄새가 난다. 아마 근처에 참기름집이 있나 보다. 그런데 그 냄새가 계속 나를 따라온다. 형체는 보이지 않으나 냄새만으로도 사람을 행복하게 하는 재주를 참기름은 가졌나 보다.

그래, 꽃처럼 아름다운 모습은 보이지 않아도 냄새만으로도 향기로운 사람, 그런 사람이 우리는 그리운 거다. 유별나지 않아도, 잘 꾸미지 않아도, 삶이 아름다워서 그냥 향기로운 사람, 그런 사람이 눈물 나게 그리운 거다. 어렸을 적 바람에 불려오던 아카시아 향기나, 서리해 온 청참외 깨물어 먹던 참깨밭에서 나던 그 향긋한 냄새, 졸린 눈으로 파고들던 엄마 품에서 나던 알 수 없는 포근한 냄새, 여름날 구멍 난 벽에서 바람과 함께 풍겨오던 황토 냄새, 아이들과 씨름하며 놀던 묘지 앞 잔디밭에서 나던 풋풋한 풀냄새처럼, 그냥 그립도록 그런 사람이 생각난다.

삼성동 비둘기

삼성동에도 비둘기가 산다. 아침이면 꾸룩꾸룩 울며 하루의 시작을 알린다. 지난 2월 이곳 대전 삼성동으로 이사한 후 주변의 삭막함에 적잖이 실망했다. 대전역 주변이라서 깔끔한 도시 풍광을 기대했었지만, 실상은 그렇지 못했다. 재개발지역으로 묶이면서 전혀 손대지 못한 건물들이 을씨년스러웠고, 비어 있는 건물들이 황량함을 더했다.

그래도 조금 마음에 위로가 된 것이 교회 앞 작은 화단과 텃밭, 그리고 아침마다 울어대는 비둘기소리였다. 삭막한 주변 상황에 어울리지 않는 시골스러운 몇 가지 모습들이, 도시를 달가워하지 않는 내게 조금의 위안이 된 것이다.

갑갑할 때면 가끔 교회 옥상에 올라가 본다. 주변은 모두 인쇄공장들이다. 교회 바로 오른쪽 옆에 여관과 목욕탕이 있었지만 오래전에 장사가 안되어 문 닫아 버렸다. 여관 뒤 주택은 언제 주인이 떠났는지 다 허물어진 채, 개 두어 마리가 늘 매여 있다. 교회 왼쪽 편에도 역시 주인 떠난 빈집 하나와 늘 기력 없이 누워있는 할머니 한 분이 사는 허름한 집이 하나 있다. 오직 교회 뒤에 있는 인쇄공장에서만 낡은 인쇄기계가 밤낮없이 그렁그렁 돌아가고 있었다.

지난달 옥상 위에서 아래를 내려다보던 나는 깜짝 놀랐다. 빈 여관집 이층 창턱에 비둘기 두 마리가 둥지를 마련했다. 창턱이라야 겨우 손바닥 넓이만한 공간에 비를 가려줄 천정도 없었다. 그런데 차마 앉아있기에도 비좁을 만한 곳에 하얀 알 두 개까지 낳아놓았으니 신기하기만 하다. 비둘기들은 연신 어딘가를 오가며 알을 품는데, 알이 놓인 장소가 장소인지라 늘 불안하기만 하였다. 여차하면 그 약한 알들이 2층 아래로 곤두박질칠 것이기 때문이었다. 그래서 난 틈만 나면 옥상에 올라가 비둘기 알이 잘 있는지를 살피곤 했다. 사는 집이 작으면 어떠랴! 그저 저곳에서도 새끼 잘 키우고 오순도순 행복하게 살아만 주었으면 하는 것이 내 소망이었다.

아이들이 어렸을 적에 방을 구하러 대구 시내를 돌아다닌 적이 있었다. 집 주인들은 이런저런 핑계를 대며 방을 주지 않았었다. 아이가 셋이라서 안 되고, 주인집 아이가 우리 아이와 또래라서 안 된단다. 서로 싸울까 봐 그런다고 했다. 온종일 방을 구하러 다니다가 지친 몸으로 돌아오며, 하늘 아래 몸 하나 편히 뉠 수 있는 작은 방 하나라도 있는 사람은 얼마나 행복할까 생각한 적이 있었다. 적어도 삼성동 비둘기는 부부가 서로 몸을 의지하고 알을 품을 수 있는 그들만의 작은 공간이라도 있으니 다행스럽다.

지난주, 장마가 오락가락하면서 세찬 소나기가 밤새 창문을 두들겼지만 우리는 월드컵 경기를 응원하다가 행복한 잠에 빠져들었다. 아침이 되자 비갠 하늘이 푸르게 내려와 앉았다. 언제나 그랬던 것처럼 옥상에 올라가서 비둘기 둥지를 내려다보았다. 그런데 있어야 할 곳에 비둘기 알이 없다. 그렇다고 부화한 것도 아니었다. 비둘기 알은 처참하게 바닥에 내동댕이쳐 있었다. 아마 간밤에 몰아친 비바람으로 그리된 것 같았다.

공연히 미안한 마음이 든다. 삼성동 비둘기가 알을 지키려고 애쓸 때, 우리는 웃고 떠들며 행복한 시간을 보내고 있었다. 바로 가까운 창밖에서 일어난 일이었다. 울적한 마음에 길을 걷는데, 한 복지시설에서 쪽방 집에서 살 사람들을 구한다고 내건 안내문이 보인다. 아마 집 없는 사람들을 위해 작은 쪽방을 저렴한 임대료를 받고 제공하는 모양이었다. 부디 쪽방일지언정 마음 불편함 없이 살 수 있는 행복한 공간이었으면 좋겠다는 생각이 든다. 그리고 비바람이 몰아치는 밤에도 걱정 없이 잠을 청할 수 있는 공간이라면 더욱 좋겠다.

삼성동 비둘기는 그 후로 어디론가 떠나갔다. 그리고 다시는 돌아오지 않았다. 허물어진 집을 버리고 떠난 이름 모를 어떤 이웃들처럼…….

마지막 휴게소에서

며칠 휴가를 내어 처갓집이 있는 예산에 들르기 위해 대전에서 고속도로에 올랐다. 새로 생긴 대전-당진 간 고속도로가 시원스레 우리를 맞는다. 예전에는 꼬불꼬불한 지방도로를 타고 다니느라고 힘이 들었었는데, 지금은 고속도로가 개통되었으니 여간 다행스러운 것이 아니다.

얼마를 달렸을까 내비게이션에서 곧 마지막 휴게소가 나온다는 고운 음성이 흘러나온다. 사실 처가가 휴게소에서 지척이니 굳이 쉴 이유는 없었지만, “마지막 휴게소”라는 말이 자꾸만 신경 쓰이게 한다. 그냥 지나치면 평생 후회할 것 같은 불안감에 결국 휴게소로 접어들었다.

지금껏 운전을 해왔지만 “마지막 휴게소”라는 말에 그리 신경을 써 본 적이 없었다. 하지만 오늘은 어찌 된 일인지 이 말에 무척이나 신경이 쓰인다. 나이를 먹는 탓은 아닐까? 별생각을 다 하다가 결국 화장실만 들른 후 다시 차로 돌아왔다. 차 시트를 조금 뒤로 젖히고 몸을 눕히니 편안함이 온몸으로 느껴진다. 그리고 그 편안함 뒤로 내가 지금껏 달려왔던 인생의 여정들이 주마등처럼 스쳐 갔다.

누구라도 그렇듯이 나 역시 이 나이가 되도록 앞만 보고 달려왔다. 인생을 달리는 내내 무엇이 내 곁을 스쳐 갔는지, 그리고 그것들이 내게 어떤 의미가 있는지 생각하지도 못한 채, 목적지만 바라보고 달려온 인생이다. 내가 살아오는 도중에 수많은 인생의 분기점들이 있었을 터이고, 그 많은 분기점의 어디쯤에선가 자칫 진로를 바꿀 뻔한 적도 있었을 것이다. 때로는 컴컴한 터널이 나오기도 했었고, 그 터널을 빠져나간 뒤의 화창함도 맛보았으리라. 수없이 마주쳐오거나 스쳐 지나가던 차량들처럼 내가 만났던 수없는 사람들은 작은 인연하나 남기지 못하고 잊혀 갔을 것이다.

물론 만났던 모든 사람에게 무슨 인연을 기대하는 것은 아니지만, 혹시나 지나쳤던 사람 중에 정말 내게 소중한 사람 하나쯤 있지는 않았을까? 그런 사람들과의 무심했던 관계가 내 인생을 메마르게 한 것은 아닐까? 아니면 그 반대일까? 스스로 많은 질문과 대답을 하며 내 인생을 되돌아본다. 이제 좀 여유로운 인생을 살아야겠다. 고속도로 위의 승용차처럼 정신없이 달려가던 삶에서 이제는 좀 더 속도를 늦추고 차창 밖을 내다보는 여유도 가져야겠다. 어느 산모퉁이에 피어있는 들꽃도 감상하고, 마주 오는 운전자의 작은 미소도 보았으면 좋겠다. 그리고 피곤하지 않아도 작은 휴게소에 들러서 따끈한 감자 몇 알사서 아내의 손에 쥐여 주어야겠다.

지금이 아직 내 인생의 마지막 휴게소는 아닐지라도 이쯤에서 좀 쉬어가며 내 인생을 돌아보아야겠다. 아직도 내겐 달려가야 할 먼 길이 남아있기에…….

꽃봉오리를 따며

한참을 망설이다가 그중 가장 못난 꽃봉오리 하나를 또 따냈다. 그렇게 매일 따내다 보니 꽃가지 마다 다닥다닥 붙어있던 봉오리가 이제 몇 개 남지 않았다. 꽃봉오리를 하나씩 따낼 때마다 얼마나 망설였는지, 그때마다 땅에 떨어진 꽃봉오리가 얼마나 아까웠는지 모른다.

새로 이사한 교회 화단에 나무가 별로 없어 허전해 보이기에 고향집 묘목 포에서 명자나무 두 그루를 옮겨 심은 것이 지난 달의 일이다. 두 해전 외가에서 좋은 품종의 명자나무가 있다며 보내 준 것을 고향집 밭가에 심었던 것이다. 얼마나 잘 자라는지 금세 가지를 쭉쭉 뻗더니 가지마다 분홍색 명자꽃이 빼곡히 피었다.

보통의 꽃보다도 몇 배는 큰 꽃들이 얼마나 아름다운지 방에서 키울 요량으로 화분 두 개에 옮겨 심었었다. 그런데 잘 자라서 소담한 꽃들을 피운지 얼마 안 돼서 시름시름 앓다가 죽어버렸다. 나중에 안 사실이지만 화분에 금방 옮겨 심은 나무가 꽃을 너무 많이 피워서 탈진해 죽은 것이다. 이럴 때는 아깝게 여기지 말고 꽃봉오리들을 따내 주어야 한다는 외숙의 충고를 잊고 욕심을 부린 결과였다. 그래서 이번에 옮겨 심은 나무는 죽이지 않으려고 봄볕에 부풀어 오른 봉오리들을 아픈 가슴으로 따내고 있었던 것이다.

사실 꽃봉오리를 따내는 것보다 더 어려운 것은 내 욕심들을 따내 버리는 일이지도 모른다. 많이 먹을 욕심으로 솎아내야 할 상추를 그대로 두어 제대로 자라지 못하게 하는 것이나, 지난해 고향집의 단감들이 열매는 많았지만, 유난히 작았던 것들은 다 욕심이 지나쳤거나 열매를 솎아낼 용기가 없었던 탓일 것이다. 어찌 이것뿐이랴, 그동안 살아오면서 얼마나 많은 것들에 마음을 두고 매달려 살았을까? 어찌 보면 그 하나하나가 다 소중하기에 그랬을 거라고 생각하지만, 그래도 몇 가지쯤은 포기했어도 좋지 않았을까? 그랬다면 내 삶이 좀 더 여유롭고 풍요롭지 않았을까?

나이를 먹어가면서 천천히 여유롭게 살아볼 만도 한데, 여전히 내 삶은 가파르다. 늘 숨이 차고 마음은 조급하다. 식사도 얼마나 빨리 끝내는지 아이들에게 늘 잔소리를 듣는다. 그러나 그렇게 하지 않으면 난 늘 불안하다. 적당히 내려놓음이 좋다는 것은 익히 들어서 알고 있지만 내 생활에는 잘 적용이 안 된다. 대전으로 이사 왔을 때, 어떤 분이 이제 좀 천천히 살라고 충고한 것이 생각난다. 그 말이 무슨 의미인지 간혹 판단이 안 선다. 좀 놀아가면서 천천히 일하라는 것인지, 과도한 욕심을 버리고 규모 있게 생활하라는 말인지, 어쨌든 나에게 중요한 충고인 것은 틀림없는 것 같다.

이런 나에게 있어서 소담스런 꽃봉오리들을 따내는 것은 결코 쉬운 일이 아니다. 어떻게든 모든 봉오리마다 꽃이 피도록 하는 것이 내 소망이다. 하지만 그렇게 하면 나무가 죽는다기에 어쩔 수 없이 봉오리를 따내지만, 그것도 한 번에 따낼 용기가 없어서 한 주일이나 걸려서 야금야금 따냈던 것이다.

간신히 내 손길에서 살아남은 몇 개 남은 꽃봉오리가 제법 크게 부풀어 오르더니, 결국 화사한 자태를 드러냈다. 꽃이 얼마나 예쁜지 보는 사람마다 무슨 꽃이냐고 묻는다. 나무도 몸살을 앓지 않고 무럭무럭 잘 자란다. 아마 내년 봄에는 꽃봉오리를 더는 따내지 않아도 가지마다 연분홍 꽃들이 활짝 피어있는 것을 볼 수 있을 것이다. 적어도 그리되도록 거름도 듬뿍 주고 잘 보살펴야 하리라.

아카시아 나무 이야기

우리가 사는 동네엔 나지막한 산이 있다. 산 아래에는 잘 닦여진 둘레길이 있어서 동네 사람들이 즐겨 찾는 산책길이 되기도 하고, 운동하는 사람들의 심신단련장이 되기도 한다. 얼마 전에는 몸이 불편한 사람들도 산을 둘러볼 수 있도록 방부목 경사로를 산 둘레 전체에 설치했다. 웬만큼 몸을 가눌 수 있는 사람이나 휠체어를 탄 사람도 조금만 도움을 받으면 언제든지 산을 즐길 수 있게 된 것이다.

모처럼 휴일을 맞아 그 둘레 길을 완주하기로 했다. 간편한 복장으로 2~3시간 걸리는 길을 걷노라니 귓가를 스치는 시원한 바람과 함께 상쾌함이 밀려온다. 경사가 가파르지 않아서 그리 힘들지도 않고, 중간 중간에 긴 의자를 설치하여 쉬어가도록 만들어 놓았으니 쉬엄쉬엄 산의 정취를 느끼기만 하면 되었다.

한참을 걷다 보니 길가에 커다란 아카시아 나무들이 몇 그루 서 있는 것이 보였다. 아카시아는 원래 다른 나무를 지칭하는 말이었고, 지금 우리가 보는 흰 꽃을 피우는 나무는 '아까시'라는 이름을 가지고 있었지만, 점차 '아카시아'로 불리면서 지금은 아예 아카시아로 개명을 해버렸다. 목재로서 매력이 없던 아카시아 나무는 천덕꾸러기가 되어 많이 베어져 없어졌고, 이제는 시내 도로에서는 잘 볼 수 없는 존재가 되었다. 그런데 오늘 만난 나무를 자세히 보니 우람한 모습도 볼만했지만, 나무둥치 전체에 울퉁불퉁 혹이 솟은 모습이 신기해 보였다. 혹의 정체가 병이 들었던 모습인지 아니면 다른 연유가 있어서 그런 모습을 가진 것인지는 알 수 없지만 참 고난을 많이 겪은 나무라는 생각이 들었다. 그러나 지금의 나무는 옛날의 고통의 흔적으로 오히려 멋진 모습을 하고 서 있으니 참으로 대견스럽기도 하다. 지난봄에는 하얀 아카시 꽃을 무던히도 피웠을 것이다. 그리고 지금은 푸른 잎사귀로 시원한 그늘을 만들어 준다.

나무둥치의 고통의 흔적이 무엇이든 중요한 것은 지금 나무가 제 몫을 다하고 있다는 것이다. 지난날의 고통의 흔적들을 자신의 아름다운 무늬로 승화시킨 모습이 참으로 숭고해 보이기까지 하는 것은 작은 고통에도 몸부림치며 삶의 의욕을 잃어버리는 인간의 나약한 모습이 부끄럽기 때문일지도 모른다.

우리나라의 산림이 황폐하던 시절 척박한 땅에 잘 자라는 나무는 아카시아 나무가 으뜸이었다. 아카시아 나무는 콩과 식물로서 공기 중의 질소를 고정하여 땅을 비옥하게 만든다. 그래서 비료기가 없는 척박한 땅에는 제격인 식물이다. 하지만 그 끈질긴 생명력 때문에 오히려 농부들에게는 귀찮은 존재가 되어 버렸다.

하지만 우리가 어렸을 적엔 아카시아 나무만큼 고마운 나무도 없었다. 이른 봄 돋아나는 새순은 약간 떫은맛을 가지고 있었지만 부드럽고 달착지근한 맛도 가지고 있어서 배고픈 아이들의 간식거리였다. 5월이 되면 지천으로 피는 하얀 아카시아 꽃은 더 말할 나위 없는 좋은 양식이었다. 그냥 한입에 훑어먹어도 좋지만, 밀가루를 묻혀서 쪄먹기도 했었다. 토끼나 닭을 기르는 아이들은 바구니를 들고 늘 아카시아 잎을 훑으러 다니는 것도 아카시아 잎이 단백질이 풍부한 사료의 역할을 톡톡히 했기 때문이다. 이런 아카시아 나무가 이제는 몇몇 양봉업자들이나 좋아하는 나무로 전락해 버렸다. 지난봄 동유럽을 여행할 때 어느 길가에 서 있는 아카시아 나무를 보았다. 잘 전지한 나무에는 하얀 꽃이 소담스럽게 피어 있었는데 우리나라에서 보던 나무와는 딴 판이었다. 분명 같은 나무인데, 가꾸기에 따라서 전혀 다른 나무처럼 보인 것이다. 이제 아카시아 나무에 대한 우리의 편견에도 변화가 있어야 할 것 같다는 생각이 든다.

둘레 길을 얼마만큼인가 걸었을 때에 길옆에 예쁘게 만들어 놓은 벤치가 있었다. 예쁘게 깎고 다듬어서 의자를 만들었는데,

그 모양새가 참 단아하고 예쁘다. 더욱 마음을 끄는 것은 그 나무벤치에 붙여놓은 글귀의 내용이다.

"이 의자는 산림 내 쓰러진 나무를 재활용하여 제작하였습니다."

말 그대로 바람이나 기타 재해로 쓰러진 나무를 활용하여 의자를 만들어 놓은 것이다. 아마 쓰러진 나무를 가져다가 다듬고, 칠을 하고, 제작하는 데도 의자를 사는 것에 버금가게 비용이 들었을지도 모른다. 하지만 오랫동안 시민들의 안식처인 숲에서 제 한 몫을 다하다가 불행히도 쓰러져 흔적 없이 썩어질 나무를, 이렇게 다시 산을 찾는 사람들에게 봉사할 수 있도록 의자로 만들었으니 참으로 아름다운 발상이다. 그 의자를 보니 괜히 한 번 앉았다가 가고 싶은 마음이 용솟음쳐서 은근히 엉덩이를 디밀어 보았다. 마음 탓인지 산이 나를 감싸 안는 듯한 포근함이 느껴진다.

아름다운 모습

요즘 유행하는 페이스북에 들어가 보면 많은 글과 사진이 올라온다. 대부분 자신에 대하여, 혹은 자신이 한 일을 남에게 보이고 싶어 하는 것들이다. 나도 가끔 내가 한 요리나 직접 찍은 사진을 올리기도 한다. 많은 사람이 댓글을 달며 호응을 하면 기분이 좋지만, 별 관심을 보이지 않으면 슬그머니 게시물을 내려버리고 만다.

사람들은 너나 할 것 없이 남의 관심을 끌기를 원한다. 자신을 보여주면서 칭찬받거나 부러움의 시선을 즐기고 싶어 하고, 때로는 자신의 부를 과시하고, 지위나 지식, 재능 등을 보여주고 싶어 한다. 그래서 차도 좋은 차를 타야 하고, 옷도 유명 브랜드의 옷을 입어야 하나보다. 어떤 이는 자신의 손자가 재롱떠는 모습이라며 휴대전화로 영상을 보여주었다. 모두가 예쁘다고 칭찬을 하자 그는 꽤 만족한 듯이 한동안 입가에 미소가 떠나지 않았다.

하지만 보여주고 싶지 않은 것들도 많다. 자신의 약점이나 잘못한 것은 절대 인정하지도, 드러내려고도 하지 않는다. 그리고 자신의 연약함이나 부족한 것도 알리고 싶지 않다. 그래서 많은 사람이 '~하는 척' 하면서 살아간다. 행복하지 않지만 행복한 척하고, 즐겁지 않지만 즐거운 척을 해야 한다. 때로는 있는 척, 배운 척, 아는 척을 하고, 사람들은 그가 자신을 감추고 있다는 것을 알지만, 속으로만 흉을 볼 뿐 직접적으로 뭐라고 말하지는 않는다. 왜냐하면, 자신도 그렇게 해보았기 때문일 것이다.

진정 우리가 다른 사람에게 보여줘야 할 정말 아름다운 모습은 무엇일까? 아마 그런 모습은 굳이 보여주려고 하지 않아도 그 모습이 너무 아름다워서 사람들의 시선을 끌거나 마음을 행복하게 하는 것이 아닐까 생각해 본다. 너무나 당연한 일이지만 버스에서 몸이 불편한 사람에게 자리를 양보하는 일이나, 계단을 내려오는 노인의 손을 붙잡아 드리는 것도 아름다운 모습이다. 불쌍한 사람들에게 온정을 베풀어 주는 손길도 참 아름답고 소중한 모습이다.

그런데 자신의 직업 속에서 최선을 다하는 사람들의 모습들도 아름다워 보인다. 음식점에서 친절하게 봉사하는 종업원의 모습도 아름답고, 인사를 반갑게 받아주시는 우리 동네 미화원 아저씨의 미소도 아름답다. 얼마 전 심장병 치료를 위해 한국에 온 몽골 아이를 붙잡고 눈물 흘려 기도해주는 구세군 사관의 모습도 아름답게 보였다.

그것만 아름다운 것은 아니다. 때로는 길가에 핀 작은 꽃에 코를 대고 향기를 느끼는 어린아이의 모습도 아름답고, 아름다운 시한 편에 가슴 뭉클해져서 어렸을 적 소녀처럼 감성에 젖은 중년 여인의 눈매도 아름답다. 시골 텃밭 가장자리에 참외 모종 몇 포기 심었다가 방학 때 내려온 손자들에게 노란 참외 들려주시는 할머니의 거친 손등도 참 아름답다. 그뿐이 아니다. 다 큰 자식을 위해 나물 몇 가지 말려두었다가 낡은 비닐봉지에 꼭꼭 싸매주시는 내 어머니의 주름진 얼굴도 참 아름답고, 바람처럼 찾아왔다가 바람처럼 떠나가는 무정한 자식에게 조심해 가라며 자동차가 안 보일 때까지 손 흔들어 주시는 그 모습은 또 얼마나 아름다운가!

진정 아름다운 것은 사라지지 않는 것 같다. 적어도 우리의 가슴속에 깊이 새겨져 있기 때문일 것이다. 그래서 우리가 행복해지려면 이런 아름다운 모습들을 많이 보고 기억 속에 담아두어야 할 것이다. 어쩌면 우리가 아름답게 느끼는 것이 세상 사람들의 눈에는 하찮게 보일지도 모른다. 어떤 때는 이런 작은 일에 감동하고 행복해하는 우리 자신이 우스워 보일 때도 있을지 모른다. 하지만 이런 작은 기억들이 하나하나 모여서 아름다운 추억이 되고, 우리가 힘들고 지칠 때에 작은 힘이 되어 준다면 그 또한 소중한 것이 아닐까? 지금은 행복해 보이지 않는 것까지도 시간이 흐른 뒤 생각해 보면 얼마나 가슴 저린 아름다운 추억으로 되살아날까? 그래서 우리는 아름다운 모습들을 많이 기억 속에 담아두어야 할 뿐만 아니라, 남들에게 나의 아름다운 모습을 많이 보여주어야 할 것이다.

대단하지 않아도 진실한 모습, 따뜻한 말 한마디, 연민의 눈물 한 방울, 살며시 잡아주는 손, 그 손에서 전해지는 기분 좋은 따뜻함, 말하지 않아도 사랑이 느껴지는 조용한 미소, 그리고 살며시 쥐여주는 사과 맛 사탕 한 알…….

담쟁이의 꿈

구세군 중앙회관 앞 미 대사관저 돌담엔 담쟁이넝쿨이 덮여 있다. 여름내 파랗게 싱그러움을 보여주더니, 가을이 되자 붉은 단풍이 들어 그 멋스러움을 더했다. 하지만 얼마 지나지 않아 그 이파리마저 다 떨어지고 을씨년스러운 돌담만 남았다. 한여름 열심히 돌담을 타고 오르더니, 결국 그 담 하나 다 넘지 못하고 쓸쓸한 겨울을 맞이한 것이다. 인생의 허무함이 밀려온다. 우리네 삶이 저 담쟁이와 같지 않을까? 애써 발버둥 쳐보지만 결국 몇 발자국도 나가지 못한 채 인생은 저물어 버리고 마는 것이 아닐까? 생각이 이쯤 들자 오 헨리의 '마지막 잎새'의 주인공처럼 허전한 마음을 주체할 수 없다.

하지만 오늘 아침 그 돌담을 바라보다가 그동안 보지 못하고 느끼지 못했던 것을 발견하였다. 그것은 처음 생겨난 것도 아니고, 새삼스러운 것도 아니었다. 언제나 그렇게 존재했음에도 새파란 이파리에 가려서 보이지 않았던 삶의 흔적들이다. 여름내 돌담을 부여잡고 기어올랐던 고단했던 삶의 흔적들과 돌담을 감싸고 있는 담쟁이의 잿빛 줄기들은, 마치 건장한 사내의 불거져 나온 혈관같이 온 돌담을 휘감고 있었다. 그 혈관들은 얼마 전까지 힘차게 수액을 뽑아 올린 듯 지금도 꿈틀대는 것 같았다. 지난여름, 아니 가을까지도 푸른 잎에 시선을 빼앗기거나 붉은 단풍잎에 가려서 보이지 않았었지만, 담쟁이는 쉬지 않고 담장을 오르고 있었다. 그리고 어느 것은 돌담 옆 나무 위로 기어 올라가 어른 키보다 더 높이 오르다 이제는 지쳐서 쉬고 있었다. 그러니 이제 누가 담쟁이를 보며 한여름 유유자적하며 살았다고 감히 말할 수 있겠는가? 비록 제 한 몸 가누기 어려워 돌담이든, 아니면 커다란 나무둥치든지 체면불구하고 의지하였을지라도, 담쟁이는 포기함 없이 가냘픈 몸 일으켜 세우며 한 계절을 열심히 살아왔었다. 높은 담에 힘겹게 올랐지만 더는 의지할 것 없는 돌담의 정상에서 허공을 향해 헛손질하다가 꼬꾸라진 것이 몇 번이었던가? 그럼에도 불구하고 쉼 없이 몸부림치던 그 열정을 누가 알았을까?

때로는 누군가의 삶에 대해 우리는 쉽게 이야기할 때가 있다. 그의 삶에 대해 우리가 제대로 알지도 못하면서 자신이 본 대로, 자신이 느낀 대로 말해버릴 때가 있다. 하지만 남의 인생을 쉽게 말해버리는 것만큼 경솔한 일이 또 어디 있을까? 우리의 말 한마디가 한평생을 열심히 살아온 누군가의 인생을 형편없는 것으로 단정을 지어버리고, 그가 가진 아름다운 내면을 무심히 덮어버린다면 참으로 슬픈 일이다. 잎 떨어진 담쟁이 줄기를 보면서 새삼 사물에 대한 경솔함을 후회한다. 저렇듯 열심히 살아왔는데 담 하나 제대로 넘지 못했다고 빈정거린 나의 유치함이 못내 부끄럽다.

새봄이 오면 담쟁이넝쿨은 지난가을에 멈추었던 그만큼의 높이에서 다시 전진을 계속할 것이다. 그것을 위해서 담쟁이넝쿨은 올겨울의 세찬 바람에도 찬 돌담을 부여잡고 끈질기게 한 계절을 버틸 것이다. 어찌 담쟁이뿐이랴? 이 세상을 사는 힘겨운 인생들도 나름대로 최선을 다해 이 겨울을 견디어 나갈 것이고, 그들은 따사로운 봄을 기다리며 힘들지만, 하루하루를 인내해 나갈 것이다. 이제 얼마 지나지 않아 다시 남쪽에서 향기로운 봄바람이 불어오고, 돌담 너머 버들가지에 또다시 초록빛 찾아오리라. 그러면 말라버린 담쟁이넝쿨에서도 다시 힘차게 뜨거운 피가 돌고, 가야 할 길이 얼마나 먼지는 모르겠지만, 담쟁이는 쉬지 않는 열정으로 위를 향해 오를 것이다. 지금은 그저 잠시 가던 길 멈추고 꿈을 꿀 뿐이다. 우리 모두의 행복한 봄을…….

사라져 가는 것들에 대한 그리움

사라져 가는 것들은 안타깝고 슬프다. 하지만 사라짐으로써 더 아름답고 진한 그리움을 남긴다. 우리는 어린 시절을 그리워하지만, 사실 그 시절이 결코 행복했던 것만은 아니다. 극한 가난에 한 끼 식사를 걱정해야만 했던 시절이었다. 그런데 이 풍족한 시대에 그 어려웠던 시절을 그리워하는 것은 무엇인가? 나름대로 끈끈한 인간적 정감이 넘쳤던 때라서 그럴 수도 있지만, 지금 그 어려운 시절로 돌아간다면 결코 행복하다 할 수 없을 것이다. 어쩌면 오랜 세월 속에 고통에 대한 기억은 희미해지고, 아름다운 것들에 대한 그리움만 남았기 때문인지도 모른다. 그래서 세월은 고통마저도 그립게 만드는 마력이 있는지도 모른다. 하지만 고통의 망각을 통한 그리움이 아닌, 분명 지난날들 속에서 사라져 가는 그리운 것들이 우리네 삶 속에 존재한다. 그것이 그리 대단한 존재나 의미는 되지 않는다고 할지라도 때때로 우리의 가슴을 애잔하게 한다.

가끔은 어린 시절의 추억들이 떠오르면, 물놀이하던 내 고향 집 앞의 아주 작은 실개천과 개울둑의 파란 잔디가 생각이 난다. 연초록 잔디 돋아나던 어느 봄날 동무들과 앉아서 이야기꽃을 피우면 마냥 행복하기만 하던 시절이 있었다. 여름이면 물고기를 잡고, 물놀이하던 그 실개천은 지금은 흔적도 없이 사라져 버렸다. 철 따라 진달래며 아카시아 꽃을 따러 온 산을 돌아다니고, 산 새알이라도 발견하면 큰 보물이라도 본 듯 호들갑을 떨던 때가 있었다. 여름날 마당에 가마니 몇 장 깔아놓고 하늘의 별을 보며 서로 앞 다투어 먹었던 삶은 옥수수는 참 맛있었다.

집들이 다닥다닥 붙어 있어서 남이랄 것도 없는 이웃들과 나의 동무들, 적은 음식도 서로 나누어 먹던 한 식구 같은 사람들이었다. 아침이면 여기저기에서 학교 가자고 부르는 소리에 보리밥에 김칫국물 부어 먹고, 책보자기 둘러메고 달려가던 신작로엔 하늘거리는 코스모스가 지천이었다.

겨울이면 추수가 끝난 논은 아이들의 놀이터였다. 논에 나 있는 작은 구멍을 삽으로 파서 월동중인 미꾸라지를 잡아서 구워 먹는 일도 재미있었고, 들쥐 구멍에 모닥불을 피워 쥐를 잡는 것도 사내아이들의 놀잇거리였다. 썰매를 타던 날 젖은 양말을 말리다 양말을 태워먹거나, 쥐불놀이를 하다가 남의 묘지를 태워서 어른들에게 혼이 나기도했다. 요즘에도 겨울에 햇볕 잘 드는 양지쪽을 보면, 동네 아이들 모두 햇볕 드는 양지쪽에 늘어서서 해바라기를 했던 생각이 떠오른다. 양지쪽에 모인 아이들은 가위-바위-보를 해서 좀 더 햇볕이 잘 드는 자리를 차지하는 것도 놀이 중 하나였다. 정월 대보름이 되면 낮에는 연날리기에 시간을 보내고 밤에는 쥐불놀이에 밤이 깊어 가는 것도 몰랐다. 그리고 늦은 밤 집집마다 다니면서 밥과 김치를 훔쳐다가 어느 한 집에 모여 밤참을 먹으며 밤을 지새웠었다. 사실 훔쳤다고는 하지만 집집마다 우리가 올 줄 알고 미리 부뚜막에 밥 한 그릇씩 올려놓았던 인심 좋은 시절이었다.

세월이 흘러 고향은 몰라볼 정도로 변해버리고 뛰어놀던 골목들과 실개천, 모두 사라져 버렸다. 그뿐이랴, 그리운 동무들도 소식이 끊기고 옛 동네에 찾아가 보아도 낯선 사람들뿐이다. 그래서 그런지 이제 사라지는 모든 것들이 마냥 그립기만 하다. 작지만 온 가족이 한 방에 모여 살던 흙냄새 나는 초가집, 그리고 온 가족이 발을 디밀어 넣던 작은 아랫목이 정겹게 떠오른다. 지금은 곁에 없는 할아버지의 누렇게 색 바랜 한문책, 늘 쪽찐 머리에 꽂혀있던 할머니의 하나밖에 없는 닳아진 은비녀, 아주 희미하게 떠오르는 아버지와 처음 갔던 작은 낚시터, 내가 늘 몰래 들여다보며 감성에 젖던 시와 멋진 그림이 그려져 있던 형의 예쁜 노트, 그리고 할머니가 다 쓴 노트라고 불쏘시개감으로 써버린 학창시절 세 권의 내 시작(詩作) 노트, 이 모두가 지금은 사라져버린 나의 그리움들이다. 그리고 점차 희미해지는 첫사랑의 두근거림, 젊었을 때의 열정과 꿈, 지금도 간신히 부여잡고 있는 이상과 포부, 아빠를 최고로 여기며 품에 안기는 아이들의 따스한 체온, 한평생 나만 바라보고 살아온 아내의 변함없는 사랑, 작은 것으로도 감사하며 행복했던 하루하루, 늘 자식만 생각하며 나날이 쇠약해가는 나의 어머니, 이 모든 것은 사라질까봐 두려워하는 나의 남은 그리움들이다.

나도 가끔은 춤을 추고 싶다

나도 가끔은 춤을 추고 싶다. 내가 처음 춤이라는 것을 안 것은 고교 시절이었다. 친구 집에 놀러 가서 작은 턴테이블에 음반을 올려놓고 소위 '고고 춤'이라는 것을 처음 접해 보았다. 숙기가 없던 나는 그때까지 춤이라는 것을 알지 못했었는데, 그 날 친구들의 강요에 못 이겨 간신히 어깨만 움찔거리다가 끝을 맺었다. 이상한 것은 막상 남들 앞에서 춤을 추지 못하면서도 춤을 추고 싶다는 욕망이 끝없이 끓어오르는 것이었다. 하지만 결국 나는 한 번도 제대로 된 춤을 추어본 적이 없었다. 좀 논다는 친구들은 '고고장' 같은 곳에 가서 놀고 온 이야기를 무용담처럼 늘어놓았지만, 내게 있어서 그것은 꿈같은 일이었다.

대학교 시절 여러 청소년 캠프에 참석하면서 그나마 격식을 갖추어 춤을 추어본 것이 '포크댄스'라는 것이었다. 남녀가 짝이 되어 일정한 스텝을 밟으면서 빙글빙글 돌아가는 춤이었다. 당시 유행하던 포크댄스는 대부분 한 타임이 끝나면 파트너를

체인지 하였다. 그때의 설렘은 이루 말할 수가 없었다. 그것 때문이었는지 청소년 캠프가 있을 때면 빠지지 않고 참여했던 생각이 난다. 그러나 가장 신명나게 춤을 추어보았던 것은 군 복무 시절에 국군의 날 행사에 참여하기 위해 사물놀이를 했던 때였다. 일반 춤하고는 달랐지만 작은 북을 치면서 장단 맞추어 연병장을 빙글빙글 돌며 춤추던 생각이 난다. 한참을 정신없이 돌다 보면 무아지경에 이르게 되고 거의 황홀경에 빠질 지경이 된다.

하지만 그것이 전부였다. 그 후로 대학을 졸업하고 어른이 되었고, 이제는 머리가 희어져 가는 나이가 되도록 한 번도 신명 나게 춤을 추어본 적이 없다. 나이가 들수록 춤을 출 수 있는 기회도 오지 않았지만, 기회가 있더라도 누군가 앞에서 춤을 춘다는 것은 죽을 만큼 힘든 일이었다. 가끔 행사장에서 사회자에 의해서 어깨춤이라도 강요당하지만, 그것도 영 어색하기 짝이 없으니 참으로 멋없는 인생임에 틀림이 없다.

그런데 나이가 들어도 사라지지 않는 생각이 늘 자리 잡고 있으니, 그것은 무아지경에 빠지도록 신명 나게 춤 한번 추어보았으면 좋겠다는 것이다. 실제로는 춤을 추지도 못하고 누군가가 강요해도 부끄럽고 쑥스러워서 내빼버리는 사람이, 그 내면에서는 미치도록 춤을 추어보고 싶다는 욕망이 꿈틀대고 있으니 참으로 이상한 일이다. 심리학자들은 이것을 어떻게 진단

할지 알지 못하나, 내 생각에는 현실에서 불가능하기에 내재된 욕망이 더욱 끓어오르는 것이 아닐까 하는 생각이 든다.

내가 춤추지 못하는 이유 중 가장 큰 것은 부끄러움일 것이고, 또 하나의 이유는 남의 시선 때문일 것이다. 얼마 전 어느 행사에 참석했을 때, 젊은 초청가수의 노래에 맞추어 신나게 춤을 추는 노인을 본 적이 있었다. 참 주책없다는 생각이 들면서도 내심 부러운 마음을 감출 수가 없었다. 이러한 이율배반적인 나의 모습을 보면 참으로 한심하다는 생각이 들기도 한다.

나는 왜 춤을 추지 못하는가? 성경에 나오는 다윗은 하나님의 법궤를 다윗 성으로 모셔오면서 너무 기쁜 나머지 바지춤이 흘러내리도록 홍겹게 춤을 추었다고 하는데, 우리도 모든 것 훌훌 털어놓고 그렇게 춤을 출 수는 없는 것일까? 그깟 알량한 자존심이나 체면 따위는 다 내던져버리고, 부모 앞에 선 어린 아이처럼 그렇게 홍겨울 수는 없는 것일까? 그저 한 작은 인간으로서 순수한 마음으로 돌아가 꾸밈없는 표정과 눈짓을 하며, 행복한 춤사위로 덩실덩실 춤출 수는 없을까?

결국, 나는 그런 춤을 출 수 없을 것이다. 그저 이렇게 행복한 상상만으로 만족해야 할지 모른다. 하지만 그래도 변하지 않는 것은 나도 가끔은 미치도록 춤을 추고 싶다는 우스꽝스러운 내면의 욕망!

착각의 미학(美學)

언젠가 아이들과 이야기하던 중 남에 대한 배려에 대해 이야기 하게 되었다. 아이들의 말은 요즘은 너나 할 것 없이 너무나 상대방의 입장을 몰라주고 주관적인 생각으로 행동한다는 것이다. 이로 인해 많은 사람이 상처를 받고, 직장이나 사회생활에서 어려움을 겪는다고 했다. 그래서 "나처럼 배려하는 마음이 깊고 친절한 사람도 없을 거야."라고 했더니, 아이들이 배꼽을 잡고 웃는다. 한마디로 그것은 착각이라는 말이다. 아이들의 말은 자신은 그렇게 생각할지 몰라도 적어도 남이 보는 입장은 다를 수 있다는 것이다. 즉 내 딴에는 잘해준다고 해도, 상대방의 입장에서는 불편할 수 있다는 것이다.

사실 이제껏 살아오면서 남들에게 못할 짓하고 산적은 없다고 자부하던 터였다. 선배들에겐 깍듯하게 예의를 차렸고, 후배들에게도 선배로서 건방을 떨거나 말에 있어서 하대한 적도 없었다. 함께 일하는 직원들에게도 최대한 어려워하지 않도록 따뜻하게 배려하며 일해 왔었다. 그래서 오래전에 함께 일했던 사람들과 지금도 잊지를 못해 서로 연락을 주고받는 사이가 되었다. 그래서 오늘 딸아이들의 말은 더욱 큰 충격으로 다가왔다. 아이들의 말이 서운해서가 아니라, 나도 모르는 사이에 내가 정말 착각 속에 빠져 있는 것은 아닌가? 하는 생각이 들어서였다.

누구나 공감하는 이야기이겠지만 사람들만큼 착각을 잘하는 경우도 없다. 정치인들은 정치인대로 착각에 빠져서 살아간다. 자신만이 온 나라를 구할 수 있는 유일한 인물인 것처럼 선전하고 다니는 것을 보면 착각도 참 대단한 착각이다. 국회에서 민생을 위한 법안이 하나 통과되면 저마다 현수막을 내건다. 거기에는 "드디어 아무개가 해냈습니다. 앞으로 더욱 열심히 일하겠습니다."라고 씌어 있다. 그런데 우스운 것은 제각각 자기가 해냈다고 생색을 낸다는 것이다.

어디 정치인뿐이겠는가? 종교인은 종교인대로 마치 세상을 자기 혼자 다 구원할 것 같이 말하지만, 정작 자기 자신의 수양도 제대로 못 하는 사람이 많은 것이 요즘의 현실이다. 세상 욕심을 버리고 초월적 삶을 살아가는 것처럼 말하지만, 사실은 물질에 얽매어 살아가는 종교인들도 많다. 이따금 매스컴에 등장하는 이러한 이야기들은 많은 종교인들 스스로를 부끄럽게 한다.

앞에서 언급한 이야기 속에 속하지 않은 사람들이라고 해서 자신들만은 해당되지 않는다고 생각해서도 안 된다. 그것이야

말로 대단한 착각이다. 이 세상에는 수많은 사람이 착각으로 시작해서 착각으로 끝나는 일이 많다. 많은 청소년조차 자신의 재능은 생각하지 않고 가수나 탤런트를 꿈꾸고, 많은 미혼 남녀가 자신의 입장과는 상관없이 탤런트 빰치는 배우자를 원한다. 얼마 전 버스 안에서 여대생들의 대화를 듣다가 갑자기 주눅이 들어버렸다. 그들이 찾는 결혼대상자는 키가 180cm가 넘어야 하고, 얼굴은 작아야 하며, 누구누구를 닮아야 한다는 것이다. 순간 내가 지금 미혼남이라면 나는 결코 결혼할 수 없을 거라는 생각이 들었다. 그들이 말하는 조건에 하나도 맞지 않기 때문이었다.

때로는 착각이 삶을 여유롭게 하고, 용기를 갖게 하는 경우도 없는 것은 아니다. 내 경우에는 워낙 어렸을 때부터 숙기가 없어서 용기 있는 사람이 늘 부러웠다. 어떻게 하면 용기를 가질 수 있을까 생각해 보았지만 별다른 도리가 없었다. 어느 날 책을 읽는데, 눈에 띄는 한 구절이 있었다. 그 책에는 "용기란 통찰력의 결핍에서 온다."라고 씌어있었는데, 그 말이 일리 있는 듯하여 40년이 넘도록 기억하고 있다. 나중에 안 것이지만 영국의 배우 피터 유스티노프가 한 말이라고 했다. 그는 이어서 말하기를 "비겁은 대개의 경우 훌륭한 정보에 기초를 두고 있다."라고 말을 했다. 그러니 용기도 어느 정도는 착각에 빠져야 생기지 않겠나 하는 것이 나의 알량한 생각이다.

내가 가진 문제는 너무나 상방을 잘 이해하려 들고, 나 자신에 대해서는 너무 열등하게 생각한다는 것이었다. 그래서 나는 매사에 주저하게 되고 용기 없는 사람이 되어버리곤 했다. 과한 착각에 빠져도 문제지만, 너무 자신을 잘 알아도 때로는 문제가 되는 것 같으니 참으로 혼란스러운 일이다. 그래서 나는 "통찰력의 결핍"에서 오는 용기를 때로는 부러워한다. 남의 시선에 얽매이지 않고 소신껏 자기주장을 펼 수 있는 사람이 내심 존경스럽다.

이와 같이 긍정적 착각은 자신의 삶에 있어서 행복지수를 올려준다. 예를 들어 30년을 함께 살아온 아내가 너무 사랑스럽고 오직 나만을 믿고 바라보는 사람이라든지, 우리 아이들은 제 아빠를 너무 좋아할 거라는 생각들은 나만의 행복한 착각일지도 모른다.

하지만 착각으로 인해 남을 괴롭게 하는 일만은 없어야 한다. 나의 착각이 남을 잘못 판단하고, 나의 착각이 남을 힘들게 한다면 그것은 분명히 못된 착각이다. 남을 힘들게 하면서도 마치 남을 위하고 있는 것 같은 착각, 사랑하지 못하면서 사랑하고 있다는 착각, 최선을 다하지 않았으면서도 최선을 다했다는 착각은 버려야 한다. 적어도 나보다는 남을 배려하는 생각을 조금씩만 더 갖는다면, 남을 보던 눈으로 나 자신을 잠시라도 돌아보는 시간을 갖는다면 훨씬 나은 삶을 살게 될 것이다.

지난 토요일 결혼식 참석을 위해 지방에 내려가는 길이었다. 같은 목적으로 차를 따로 타고 가는 후배에게 전화를 걸어 휴게소에서 차를 한잔 하고 가자고 하려던 참에 딸아이들이 나를 만류한다. 나는 선배로서 운전에 피곤한 후배에게 커피를 한 잔 사주려는 좋은 마음인데, 아이들이 막아서는 바람에 속이 상했다. 삐쳐있는 내게 아이들이 말을 이었다. "아빠는 좋은 마음으로 차 한 잔 같이 하자고 말씀하지만, 오히려 그분은 불편할 수 있죠. 후배가 무조건 좋아할 거라는 생각은 아빠의 착각일 수 있어요."라고 한다.

정말 그럴까? 도대체 어디까지가 착각이고, 어디까지가 진실일지 난 도대체 알 수가 없다.

우연한 행복

살아가다 보면 가끔은 뜻하지 않은 행복을 만날 때가 있다. 길을 걷다가 아름다운 꽃 한 송이에 마음을 빼앗기든지, 우연히 들어간 빵집에서 서비스 메뉴가 있을 때, 과일가게에서 새로 들어온 과일 하나 맛보라고 건네줄 때 작은 행복을 느낀다. 우리네 삶이라야 뭐 그리 대단할 것도 없지만, 때때로 주변에서 만나는 소소한 일상들은 우리에게 뜻하지 않은 행복을 가져다준다.

사계절 분위기가 다른 뒷동산 둘레 길에도 작은 행복은 숨어 있다. 퇴근 후 산책길에서 가로등 불빛에 흔들리는 벚꽃을 보는 것도 행복하고, 초여름 햇살에 반짝이는 까맣게 익어가는 버찌를 보는 것도 행복하다. 입안에서 터지는 버찌의 쌉싸름하고 달콤한 맛을 느끼거나, 그 쌉싸름하고 달콤했던 맛처럼 이해할 수 없었던 첫사랑의 감정을 떠올려보는 것도 행복하다. 산책을 마치고 시장 골목에 앉아 작은 김밥 몇 개와 따끈한 어묵탕 한 그릇을 먹는 것은 덤으로 얻는 행복이다.

가을 길을 걸으며 발밑에 부서지는 낙엽소리를 듣는 것도 행복하고, 빨갛게 달아오른 나뭇잎들을 바라보는 것도 가을을 사는 즐거움이다. 뒤뜰에 심어 놓았던 해바라기에 까만 씨들이 가득 익어 가면, 햇볕 따사로운 날 들마루에 앉아 하릴없이 까먹는 일도 여유로워서 좋다. 한겨울 따뜻한 찻집에 앉아 향기로운 허브찻잎에 뜨거운 물을 부어놓고 그 향기로움이 우러나오기를 기다리는 것도 행복하고, 카페 책꽂이에서 아무 책이나 뽑아서 읽다가 가슴에 와 닿는 구절 하나를 만나면 행복감은 배가 된다.

잊었던 오랜 친구들, 서로 사느라고 바빠서 연락도 없이 산 지가 수십 년인데, 친구를 통해 알았다며 문자 한 통 날아오든지, 페이스북을 여행하다가 생각지도 않았던 반가운 사람의 소식을 듣게 되면 그 날은 참 행복한 날이다. 나뭇잎 다 떨어져버린 자리에 까치밥으로 남은 감 몇 개를 바라보는 것은 허무하고 외로워 보이지만, 그 감을 남겨둔 주인의 마음을 생각해보면 참으로 가슴이 따사로워진다.

무료한 공휴일, 우연히 돌린 채널에서 내가 놓쳤던 드라마가 나오거나, 보고 싶었던 영화가 상영되고 있으면 괜스레 웃음이 지어진다. 딸아이들이 늦게 들어오던 날, 아빠가 생각나서 사왔다며 김이 모락모락 나는 찐빵 한 봉지를 사오거나, 아이들이 아껴먹던 아이스크림을 한 수저 크게 떠서 내 입에 넣어주면 이 세상에서 가장 행복한 사람은 단연 자신일 거라는 착각에 빠져든다. 퇴근 후 집에 들어서면 사랑하는 아내가 환한 미소로 반겨주고, 불 위에서는 자반고등어 한 마리 고소하게 구워지고 있으면 더 이상 바랄 것이 없다.

사는 것이 힘든 세상이라서 모두가 힘들어한다. 이런 세상에서 뭐 그리 대단한 행복을 얻겠다고 아등바등할 것인가? 행복을 위해 몸부림치는 순간 우리는 더한 절망의 나락으로 떨어져 내릴지도 모른다. 그저 우리의 일상의 삶 속에서 작지만, 가슴 따뜻한 행복을 맛볼 일이다. 우연 같지만, 결코 우연이 아닌 것들을 우리의 주변에서 느끼고 음미해볼 일이다.

오늘 우연히 찾아간 길가의 카페에서 감미로운 무명가수의 노래를 듣는다. 은은한 차향이 멜로디를 타고 내 가슴으로 스며든다. 창밖에는 금강의 잔잔한 물결이 소리 없이 흐르고, 노란 금계국 꽃잎이 바람에 흔들린다. 참 행복하다.

한걸음만 더 나아가라

내가 군 생활을 할 때에 가장 힘들었던 것은 구보(驅步)하는 것이었다. 아침마다 하는 2km 구보는 그런대로 할 만 했지만, 가끔 하는 완전군장 10km 구보는 정말 힘들었었다. 낙오하면 선임들로부터 엄청난 핍박이 오기도 했지만, 내 자신으로 볼 때도 자존심 상하는 일이었다. 이를 악물고서라도 대열에서 뒤처짐 없이 끝까지 달려야 했다. 하지만 몸은 마음을 따라주지 않았고, 언제나 구보가 있는 날이면 근심걱정으로 괴로워해야 했다. 정말 내게는 특단의 조치가 필요했었다. 그래서 어떻게 하면 낙오하지 않을까를 연구하기 시작했다. 선임들이 알려준 방법은 맨 앞에서 달리라는 것이었다. 뒤에서 남들을 따라가는 것보다는 앞에서 달리는 것이 힘이 덜 든다는 것이었다. 사실 이 방법은 어느 정도 효과가 있었지만, 근본적인 해결책이 되지는 못했다. 그래서 나름대로 나만의 방법을 찾기 시작했는데, 남들에게도 효과가 있는지는 모르지만 내게는 그런대로 효과가 있었다.

첫 번째 사용한 방법은 아무 생각 없이 달리는 것이다. 힘들다고 생각하면 더 힘들기 때문에 아예 아무 생각 없이 달리는 것이었다. 그러나 이 방법은 어느 정도 제 페이스를 찾았을 때는 유용했지만 정말 힘들 때는 소용이 없었다. 두 번째 생각한 것이 신앙심을 이용한 것이었다. 구보하는 도중 길가의 교회 십자가를 보고 힘을 얻는 방법이었는데, 문제는 전방에서 교회 십자가를 자주 볼 수 없다는 것이 단점이었다. 이 단점을 보완한 것이 앞사람의 군장 뒤에 십자가 배지를 붙여놓고 그것을 바라보며 뛰는 것이었다. 이 방법은 의외로 효과가 좋았다. 전후좌우로 흔들리는 십자가를 놓치지 않고 보려는 집중력과 나를 사랑하시는 주님이 나와 함께 하신다는 믿음은 한결 힘이 되었다.

그러나 이것도 어느 때는 통하지 않을 때가 있었다. 숨이 차올라 가슴이 터질 것 같은 고통 속에서 너무 힘들어 모든 것을 포기하고 길바닥 위에 눕고 싶을 때가 가끔씩 찾아왔다. 그때마다 내가 앞사람 군장 뒤에 붙여놓은 십자가를 보면서 계속 마음속으로 외친 것은 "딱 한 걸음만 더" 뛸 수 있도록 힘을 달라는 기도였다. 그리고 내 자신에게 이렇게 말을 했다. "아무리 힘들어 쓰러질 지경이 되어도 딱 한 걸음만 더 뛰자. 그건 할 수 있잖아."

그 후로 힘이 들어 주저앉고 싶을 때마다 내 구호는 "딱 한 걸음만 더"였다.

그리고 한 걸음을 더 달린 후에는 또다시 거기에서 한 걸음만 더, 한 걸음만 더, 그렇게 나는 목적지까지 달릴 수 있었다. 후에 천 리(400km) 행군을 할 때도 난 한 걸음만 더 가자는 의지로 낙오 없이 그 먼 거리를 걸어갈 수 있었다.

우리가 살아가다 보면 10km 구보보다 더 힘들고 어려운 일이 수없이 찾아온다. 그때마다 주저앉는다면 우리는 앞으로 남은 먼 길을 걸어갈 수 없다. 비록 그 길이 가시밭길이고 눈물 나는 길일지라도 결국 내가 걸어야 할 길이라면 우리는 어떻게 해서라도 그 길을 가야 한다. 때로 우리는 너무 먼 앞날을 내다보며 걱정에 잠길 때가 많다. 희망의 꿈이라면 멀리 보고 꿈을 꿀수록 행복하겠지만, 고통은 멀리 내다볼 필요가 없을 듯하다. 그냥 그 자리에서 딱 한 걸음만 더 힘을 내는 것이다. 사실 아무리 구보를 잘하는 사람이 내 앞에서 뛸지라도, 그 사람과 나 사이는 겨우 한 걸음 차이이다. 주저앉고 싶을 때, 모든 것을 포기하고 싶을 때 딱 한 걸음만 더 나아가라. 그리고 그 다음에는 뒤엣것을 잊고 현재의 그 자리에서 딱 한 걸음만 더 나아가라. 너무 힘들어 살 소망이 없을 때 딱 하루만 더 힘을 내어 살아보자. 그리고 내일 또 그렇게 말하자. 딱 하루만 더 살아보자고.

나도 내 인생에 있어서 한 번도 10km를 달려 본 적이 없었다. 다만 포기하고 싶을 때 그 자리에서 딱 한 걸음만 더 나아갔을 뿐이었다.

Ⅱ. 붕어빵 그 따뜻한 의미

바닷가 유리조각처럼

11월의 바닷가는 참으로 조용하다. 지난여름의 소란함은 찾을 수 없고 모래를 적시는 작은 파도소리만 들려온다. 사람들로 북적대던 모래펄에는 지난 세월의 흔적처럼 긴 물결자국만 남아있다. 그 물결자국 따라 걷다가 뒤돌아보면 파도는 내 발자국을 지우고 아무도 걸은 적이 없었던 것처럼 또 다른 물결자국을 만들어 놓았다.

겨울 대천 해수욕장을 찾은 것은 결혼 25주년을 기념한 둘만의 조용한 여행이었다. 결혼하던 해 여름에 둘이서 이 바닷가를 찾은 적이 있었다. 그런데 어느덧 25년의 세월이 흘러 중년을 넘어서는 나이에 다시 이 바닷가를 찾았다. 어떤 큰 의미를 둔 것은 아니지만, 그저 둘만의 조용한 시간을 갖고 싶었다. 그리고 새삼스러운 말일지 몰라도 사랑한다고 말하고 싶었다. 지난 25년의 세월을 함께 살아주고, 내 인생에 많은 것을 공유하게 해준 아내에게 겨울 바다의 정취를 힘입어 다시 사랑을 고백하고 싶었다.

이제야 돌아보면 참 긴 날들이었다. 하지만 그 세월이 결코 길게 느껴지지 않는 것은 살아온 날들이 엄청 재미있었거나, 아니면 눈코 뜰 새 없이 바쁜 시간을 살아온 까닭일 것이다. 어찌 보면 살아온 지난날들이 결코 지루한 날들이 아니었다는 것만으로도 내겐 감당 못 할 축복이다.

아내의 손을 잡고 해변을 걸었다. 적당히 부는 서늘한 바람과 눈부신 햇살이 기분을 상쾌하게 한다. 밀려드는 작은 파도에 아이처럼 자지러지게 놀라 달아나기도 하고, 둘만의 흔적이라도 남기려고 힘주어 발자국을 남기기도 했다. 보는 사람 없으니 깨끗한 모래에 남들처럼 하트도 그려놓으며 그렇게 겨울 바닷가를 걸었다.

아내가 발을 멈추고 작은 조개껍질을 주워들었다. 매끈하게 갈려져 모가 나지 않은 작고 예쁜 조개껍질이었다. 아내는 기념이라도 할 요량으로 주머니에 집어넣는다. 나도 무언가를 주워야 했다. 한참을 걷던 내 눈에 파란 돌조각이 눈에 띄었다. 집어 들고 보니 유리조각이다. 어느 해 여름에 철없는 술꾼들에 의해 깨어진 병 조각일 것이다. 날카롭게 깨어져 여름을 즐기던 몇 사람의 발바닥에 생채기를 내었을 법한 병 조각이다. 하지만 파도에 쓸리고 모래에 갈리면서, 이제는 날카롭던 모습은 사라져버리고 작고 반들거리는 예쁜 조약돌이 되었다. 햇빛에 비추니 파란 햇살이 부드럽게 퍼져 내 가슴에 스며든다. 몇 번을 보아도 아름다운 유리조각이다.

문득 지난날 아내의 가슴에 생채기를 내었던 몇 번의 옹졸함을 떠올리게 된다. 철없던 시절 내뱉은 가슴 아픈 말들이 깨어진 유리조각처럼 아내의 가슴에 몇 번이나 생채기를 내었을까? 그때 아내는 얼마나 아팠을까? 지금은 그 상처가 다 아물었을까? 아니면 아직도 그 상처가 보기 흉한 흔적이 되어 아내의 가슴속에 남아 있는 것은 아닐까?

예쁜 유리조각을 호주머니에 집어넣고 걷는 내내 손으로 만지작거렸다. 손끝에 느껴지는 감촉이 부드럽다. 이제 나도 이 유리조각처럼 부드럽게 다듬어져 늘 아내의 곁에 머물고 싶다. 가끔 아내가 나를 바라볼 때마다 그녀의 가슴에 파란 행복을 비추어주는 다듬어진 파란 유리조각이 되고 싶다.

조강지처를 아십니까?

얼마 전 길을 가다가 우연히 젊은 두 남자의 이야기를 들었다. 그들은 낄낄거리면서 오늘 저녁엔 '조강지처'가 기다리고 있기 때문에 집에 일찍 들어가야 한단다. 그 순간 나는 이런 생각이 들었다. 저들이 과연 조강지처의 의미를 알기는 하는 걸까?

조강지처에 관한 이야기는 후한서(後漢書)의 송홍전(宋弘傳)에 나온다. 후한의 광무제(光武帝)의 누이 호양공주(湖陽公主)는 일찍이 남편을 잃고 홀로 살고 있었는데, 그 모습이 너무 안쓰러워 다시 시집보내기로 생각했다. 그래서 마음에 두고 있는 사람이 있는가 물었더니, 송홍(宋弘)을 마음에 두고 있다고 했다. 하지만 송홍은 이미 결혼을 한 사람이었기 때문에 당황할 수밖에 없었지만, 그래도 말은 해봐야겠다고 생각하여 송홍을 불렀다.

광무제는 송홍과 이야기를 하다가 슬쩍 그의 마음을 떠보았다. "옛말에 사람은 신분이 귀해지면 친구를 바꾸고, 부유해지면 아내를 바꾼다고 했는데, 어떻게 생각하시오?" 그러자 송홍은 대답하기를 "가난하고 천할 때의 친구일수록 잊지 말아야 하고(貧賤之交 不可忘), 고생할 때 술지게미와 겨로 끼니를 함께 하던 아내(조강지처)는 결코 내치지 말아야 한다.(糟糠之妻 不可堂)고 생각합니다."라고 말하였다. 이 말을 들은 광무제는 결국 송홍의 아내에 대한 신의를 알고 공주와 결혼시키는 것을 포기했다고 한다.

사람들은 흔히 자신과 살아온 아내를 대접해서 부르는 표현으로 조강지처란 말을 많이 사용한다. 하지만 위의 유래에서 보더라도 진정한 조강지처는 함께 고생하며 서로의 곁을 지켜준 아내를 일컫는 말이다. 요즘 젊은 사람들의 이혼율이 많이 늘었다. 그들은 서로서로 고통을 나누어지거나 상대방의 아픔을 함께하고자 하는 노력이 부족하지는 않은지 생각해 본다. 왜 젊은 사람들이라고 해서 진정한 사랑과 희생적인 사랑이 없겠는가? 하지만 요즘 너무 심각한 이혼의 문제가 우리의 마음을 불편하게 한다. 더욱 안타까운 것은 그 이혼의 사유라는 것이 너무나 어처구니없는 것들일 때에 더욱 속상한 마음이 든다. 작은 경제적 어려움, 시부모와의 마음의 불편함, 자기 마음껏 자유를 누리지 못하는 결혼의 속박, 어쩌면 잘 해결할 수 있는 문제임에도 망설임 없이 헤어짐의 길로 들어서는 것을 보면 안타까운 마음은 더욱 커진다.

누구나 멋진 결혼생활에 대해 꿈이 있고, 사실 그런 꿈 때문에 한 사람을 사랑하고 결혼에 이른다. 하지만 결혼이라는 것은 막연한 꿈도, 이상도 아니다. 그것은 현실이며, 함께 헤쳐 나가야 할 자신들의 미래이다. 그래서 함께 고통을 감수하고 인내하며, 자신들의 문제를 함께 해결하기 위해 노력해야 한다. 그리고 그러한 노력의 삶 속에서 비로소 멋진 남편이 생겨나고, 조강지처가 생겨나는 것이다.

내 아내는 가난한 신학생에게 시집을 왔다. 시골에서 할머니 몇 명을 바라보고 목회를 할 때에 한 끼의 식사를 고민해야 하는 시절이 있었다. 반찬이라고는 강된장에 교회 마당 한 편에서 뜯어온, 나물이라고도 이름 붙이기 어려운 푸성귀들을 넣고 끓여 먹었다. 하지만 그마저도 넉넉하지 못해 제대로 된 밥상을 차려주지 못하는 아내는 늘 마음 아파했다. 마늘 종다리가 올라오는 때에는 매일같이 마늘종만 삶아 먹을 때도 있었고, 쌀이 없어 한 달씩 멀건 물에 국수를 말아먹는 일도 있었지만, 아내는 한 번도 웃음을 잃은 적이 없었다.

그래서인지, 오늘 젊은 사람들의 이야기를 들으면서 '자네들이 조강지처를 알아?' 하는 마음이 들면서, 불현듯 아내의 얼굴이 떠오른다. 사실 우리 어머니, 아버지가 살았던 시절에 비하면 우리가 겪었던 고생은 이야깃거리도 못 된다. 하지만 나름대로 힘겹게 살아왔던 날들이 있었다.

그렇다고 우리가 멋진 남편이나 조강지처가 되려고 일부러 어려움을 자처할 필요는 없다. 솔직한 마음으로 우리 아이들은 우리나 우리 부모세대가 겪었던 고생을 겪지 않았으면 좋겠다. 하지만 간절히 바라는 마음은 우리 아이들이나 이 시대의 젊은 이들이 그들의 부모세대가 함께 고난을 헤쳐나갔던 그 정신만큼은 잊지 말았으면 좋겠다. 서로 조금 마음이 맞지 않고, 경제적 어려움이 밀려오고, 감당하기 힘든 시련이 닥쳐온다고 해도, 우리들의 부모들이 그러했듯이 함께 참고 견디어 나갔으면 좋겠다.

단지 함께 살았다고 해서 조강지처는 아니다. 무조건 오래 같이 살았더라도 자신을 조강지처라고 말해서는 안 된다. 조강지처는 오랜 시간을 살아오면서 함께 고생과 기쁨을 나누고, 함께 한숨과 눈물을 나눈 아내가 너무 고마워서 못난 남편이 자신의 사랑하는 아내를 존경하여 부르는 말이 되어야 한다. 그러니 내 아내는 분명 '조강지처'임에 틀림이 없다.

꽃바구니의 행복

오늘은 P의 결혼기념일이다. 마침 그의 아내는 세미나에 참석 중인데, 혼자 식사할 그를 생각하여 저녁식사 약속을 했다. 오늘 결혼기념일인데 뭐라도 보냈느냐고 그에게 차 안에서 물었다. 쑥스럽게 뭐 그런 것을 다 챙기느냐고 말하는 P의 말이 끝나기도 전에 꽃집에 전화를 걸었다. 그리고 P의 이름으로 세미나 장소로 꽃을 배달해 달라고 했다. 부드러운 사랑의 메시지를 함께 보내는 것도 잊지 말라는 말을 덧붙였다. P는 할 수 없이 울며 겨자 먹기 식으로 꽃집에 5만원을 텔레뱅킹으로 입금했다. 괜한 짓을 했다고 하면서도 그는 싫지 않은 표정이었다.

저녁을 먹고 있을 때 P의 휴대전화로 메시지가 하나 들어왔다. 짐짓 눈치를 채고 내용을 공개해줄 것을 요구했다. 메시지 내용은 그의 아내가 갑작스러운 꽃바구니를 받고 "너무 감격해서 울었노라"는 내용이었다. 함께 세미나에 참석한 모든 사람의 부러운 시선과 축복을 함께 받았다고 했다.

그 메시지를 받은 P는 연신 입가에 미소를 흘리고 있었다. 등 떠밀리다시피 한 일이었지만 뜻밖의 효과에 적지 않게 만족하는 표정이었다. 우리는 저녁을 먹으며 여자들이 얼마나 작은 것 하나에도 감격해 하는지를 이야기했다. 그리고 그 작은 것 하나 챙겨주지 못하는 우리 남정네들을 탓했다.

"그런데 결혼기념일이 저희보다 이틀 뒤시죠?"

그랬다. 남의 결혼기념일에 '감 놔라, 대추 놔라'한 격이 되었는데, 정작 내 문제는 어떻게 풀어나가야 할지 걱정이 되었다. 무슨 선물이 좋을까 생각해 보았지만, 딱히 떠오르는 것이 없다. 나도 꽃바구니나 선물할까?

수년 전에 어머니의 70세 생신을 맞아 고향에 간 적이 있었다. 한평생 남편 잘못 만나 고생했다는 어머니의 푸념처럼 참으로 고생 많이 하신 분이다. 가정에 충실하지 못했던 남편 대신에 자식 5남매를 훌륭히 키워내신 분이다. 그런 어머니에게 미안했던지 당신의 아내에게 무엇을 해 줄 요량으로 시내를 나갔다 오신 아버지는 뒤춤에 무언가를 감추고 오셨다. 그러나 아무도 그의 행동에 신경을 쓰는 사람은 없었다.

아침에 모두 모여 식사를 하고, 케이크에 촛불을 붙였다. 손자 손녀들이 모두 나가 "당신은 사랑받기 위해 태어난 사람"을 부르고 난 뒤 각자의 선물을 드렸다. 우리는 제주도 여행을 보내드리기로 했기 때문에 현금을 준비했다.

그때 아무 말 없이 다가오신 아버지는 어머니 앞에 불쑥 손을 내밀었다. 그 손에는 작은 꽃다발 하나가 들려있었다. 우리는 일순간 숨이 멎는 듯했다. 그리고 일제히 어머니를 바라보았다. 우리 집안에서 이런 일이 일어나리라고는 한 번도 생각해 보지 못했었다. 틀림없이 어머니는 눈시울을 붉히며 감격해 하시리라 생각했다. 세상에 살다 살다 보니 이런 일도 다 있구나! 우리는 일제히 박수하며 환호성을 질렀다. 그러나 어머니의 반응은 의외였다.

“빌어먹을 영감쟁이, 생전 처음 주는 꽃다발인데 이런 걸 가져와!”

우리는 무슨 문제가 있는가 하여 꽃다발에 시선을 모았다. 그런데 이게 웬일인가? 아버지가 내미신 꽃다발의 꽃들이 모두 시들어 축 처져 있었던 것이다. 자초지종을 들은 우리는 한바탕 폭소를 터트렸다.

생전 처음 당신 아내의 생일을 제대로 축하하고 싶었던 그는 미리 전날 시내에 가서 꽃다발 하나를 사셨단다. 생신날 아침에 깜짝 놀라게 해주고 싶었던 아버지는 그 꽃다발 숨겨둘 장소를 찾았는데 마땅한 장소가 없더란다. 양력 2월 1일이니 밖에 두면 꽃이 얼 것 같아서 급한 김에 침대 밑에 꽃을 숨겨두었는데, 요즘 겨울날 안방이 오죽 따뜻한가? 그만 꽃이 모두 시들어 버린 것이다.

그래도 아버지는 어머니를 기쁘게 해야 한다는 생각에 꽃이 시든 것을 확인해 보지도 않고 뒤춤에 숨겨와 내미신 것이다. 뜻하지 않게 야단을 맞은 아버지는 그제야 사태의 심각성을 깨달으셨지만, 별도리가 없었다. 그래도 그게 어딘가? 그 성의가 눈물겹지 않은가 말이다. 우리는 멋쩍게 서 계시는 아버지를 응원했다.

"어머니, 아무리 그래도 그렇게 말씀하시면 안 되죠!"

우리는 꽃을 보지 말고 그 마음을 보시라고 했다. 시든 꽃을 받지 말고 그 사랑을 받으시라고 했다. 어쨌든 어수선하기는 했지만, 어느 때 보다도 행복한 생신날이었다. 그리고 그 시든 꽃다발은 어느 값비싼 꽃바구니보다 아름다웠고, 그 날의 아버지의 모습은 내가 기억할 수 있는 가장 멋진 아버지의 모습이었다.

사랑하는 사람에게 꽃을 주세요

거리의 꽃집마다 화사한 꽃으로 가득하다. 누군가를 위한 선물용으로 예쁘게 포장한 꽃바구니도 있다. 예쁜 꽃을 보면 왜 누군가에게 주고 싶다는 생각이 먼저 들까? 내가 그 꽃을 감상하고 싶다는 생각보다는 항상 누군가에게 선물했으면 좋겠다는 생각이 떠나지 않는 것은 나만의 특별한 생각인지, 남들도 그렇게 생각하는지 잘 모르겠다. 되돌아보면 난 나 자신을 위해 꽃을 사본 적이 거의 없다. 그렇다고 남을 위해 꽃을 산 적이 많은 것도 아니다. 어버이날이나 특별한 기념일에 어쩌다가 꽃을 조금 사는 정도였다.

그러고 보면 우리나라 사람들은 꽃 선물에 참 인색한 것 같다. 꽃 선물보다는 살림에 보탬이 되는 물건을 선물하는 것이, 주는 사람이나 받는 사람에게 훨씬 낫기 때문일까? 하지만 꽃에는 다른 것으로는 대신할 수 없는 그 어떤 매력과 감동이 있음을 부인할 수 없다. 비록 금방 시들어 쓰레기통으로 들어갈 꽃이라고 해도, 그 한 송이가 주는 감동은 꽤 긴 여운을 남긴다.

얼마 전에 몇몇의 지인들과 이야기를 나누는 중에 연애 시절 이야기가 나왔다. 그리고 어떻게 사랑을 고백하고 전했는지가 모두의 관심사였다. 내가 스무 살 때에 좋아하던 여자 친구에게 꽃 한 송이를 가슴에 품고 가서 전해주었다는 이야기를 시작으로 모두의 입이 열렸다. 그중 한 사람이 자기는 지금의 부인을 만날 적에 매번 꽃을 선물했노라고 자랑스럽게 말했다. 그러자 그의 부인이 입을 삐죽거리며 말을 받는다.

"저이는요, 여태껏 꽃을 한 송이 이상 줘 본 적이 없어요."

아마도 남들처럼 한 아름의 꽃다발을 받아 본 적이 없는 것을 서운해 하는 것 같았다. 그러자 다른 부인이 그런 건 비교도 안 된다는 듯이 말했다.

"그건 아무것도 아녀유. 우리 애 아빠는 자기 돈으로 한 번도 꽃을 사준 적이 없슈. 맨날 돈 안 들이고 들꽃만 꺾어다 줬슈!"

한바탕 웃음이 터져 나왔다. 하지만 들꽃 꺾어다 주는 것이 얼마나 낭만적이냐고 그의 남편을 두둔하고 나서는 우리에게 그녀는 가당찮다는 표정으로 말을 이었다.

"낭만유? 그런 사람이 매번 꽃다발을 전화선으로 묶어다 줘유?"

그녀의 남편은 전화국 직원으로 매일 이리저리 전화선 가설을 하러 다니는 사람이었다. 그렇게 다니다가 눈에 띄는 들꽃이 있으면, 자투리 전화선으로 묶어다 자기가 연모하는 처녀에게 전해준 것이다. 함께 있던 사람들은 아까보다도 더 배꼽을 잡고 웃었다. 하지만 꽃 한 송이면 어떻고, 전화선으로 묶은 들꽃이면 어떠랴? 그 마음이 아름답고 순수하지 않은가?

내가 소년이었을 때는 곧잘 클로버 꽃을 따서 꽃목걸이나 화관을 만들어 여동생이나 친구들에게 주길 좋아했다. 아내를 만났을 때도 꽃반지를 만들어 끼워주거나 클로버 꽃으로 화관을 만들어 씌워주었었다. 그의 머리에 화관을 씌우노라면 진한 클로버 꽃향기와 함께 신선한 샴푸냄새가 묘한 조화를 이루어 내 마음을 흔들어 놓았었다. 아내는 그때마다 즐거워했지만 사실 그 속내는 알 도리가 없다.

어버이날에는 가슴에 달아드리는 카네이션보다는 꽃 화분을 사는 편이다. 가슴에 다는 꽃은 언제나 가까이에 있는 동생들이 먼저 달아드리기 때문에, 항상 늦장을 부리는 나는 차라리 꽃 화분을 사드려서 오래 꽃을 보시는 것이 실속이 있겠다 싶은 마음에서였다.

누군가에게 꽃을 준다는 것은 아마도 그의 마음에 나 자신을 기억시키고자 하는 뜻이 있거나, 그 사람을 내 마음에 두고 싶은 경우가 많을 것이다. 그것이 아니라면 적어도 친밀한 관계를 나타내는 선물임에 틀림이 없다. 사랑하는 가족이나 늘 곁에서 애써준 아내에게, 그리고 평소에 감사했던 분들에게 꽃 한 송이라도 품고 가 전해주면 얼마나 아름다울까?

그저 설레는 마음으로 동네 화원에 들러 빨간 장미 한 송이 들고 즐거운 상상에 빠져보는 것도 행복한 일이다. 혹시 주머니가 가볍다면 누군가처럼 흐드러진 망초 꽃 한 줌이라도 내밀어 보는 여유를 가져보면 좋겠다. 그리고 그동안 마음 졸이며 가슴만 태우던 연인들은 이 계절이 다 가기 전에 사랑의 마음을 담아 수줍은 꽃 한 송이라도 당당하게 내밀어 볼 일이다.

예쁘게 꽃피우기

지난해 가까운 시골 교회에 들렀다가 꽃모종 몇 개를 선물 받았었다. 그는 내게 모종을 주면서 '사관님은 잘 키울 것 같아서 드린다.'고 했다. 사실 많은 사람이 꽃모종에는 욕심을 내지만 제대로 가꾸는 사람은 많지 않은 것을 본다. 예전에 나 역시 많은 사람에게 꽃 화분을 나누어 주었었지만, 제대로 가꾸는 사람은 별로 없었던 것으로 기억된다. 그래서 요즘은 정말 꽃을 좋아하는 사람이 아니면 화분이나 꽃모종을 주는 일이 없다.

내가 받은 꽃의 이름이 '셀피글로시스'라고 하는데, 난 그 꽃을 한 번도 가꾸어 본 적이 없기 때문에 몹시 걱정되었다. 생각해서 준 꽃모종인데 잘 가꾸지 못한다면 준 사람에 대한 예의가 아닐 것 같아 매일같이 물을 주며 잘 돌보았다. 그리고 두어 달이 지난 후 난 화분에 피어있는 요염하고도 아름다운 꽃을 볼 수 있었다.

무엇이든지 처음에는 서툴고 어렵다. 내 아내가 처음 쌍둥이를 임신했다는 사실을 알았을 때, 아내의 표정이 꼭 그랬었다. 무엇을 어떻게 해야 할지 모르는 사람처럼 멍하니 나만 쳐다보고 있었다. 이미 한 아이가 있는데, 목회하면서 쌍둥이를 길러야 한다는 생각에 눈앞이 아득해졌을 것이다. 하지만 우리는 하나님이 주신 복으로 알고 아이들을 사랑으로 열심히 길렀다. 다행이 아이들은 잘 자라주었고, 큰아이는 일본어를 공부하고 작은 아이는 음악을 공부했다. 그리고 그 아이들이 어느새 자라서 대학 졸업반이 되었으니, 새삼 지난날 고생했던 순간들과 아이들로 인해 즐거웠던 시간들이 머릿속에서 주마등처럼 지나간다. 더구나 "나는 시집 안 가고 엄마 아빠랑 오래오래 같이 살 거야!" 하던 아이들이 이제는 남자친구를 집에 데려오는 나이가 되었으니, 서운하면서도 마음 한편이 흐뭇해 온다.

금년 초에 큰 딸아이가 갑자기 일본 유학이 결정되어 지난 봄 일본행 비행기를 탔다. 공항에서 혼자 비행기를 타는 아이를 보면서 걱정이 많았었다. 낯선 곳에서 잘 지낼 수 있는지, 몸은 아프지는 않을 런지, 공부는 잘할 수 있는지, 걱정스러운 마음이 가득했었다. 그래도 애써 걱정하는 마음을 감추고 아무 염려 말고 건강하게만 다녀오라며 전송을 해 주었다.

그런데 벌써 일 년이 지나고 다음 달이면 한국에 돌아오게 된다. 그동안 일본에서의 고생이야 짐작이 가지만 한 번도 자신의 어려움을 이야기하지 않던 아이였다. 가끔 전해오는 소식을 통해 아이가 일본에서 어떻게 살았는지를 우리는 알고 있다. 교통비를 아끼기 위해 먼 거리를 자전거로 다닌 이야기나 아르바이트를 하던 이야기, 그리고 신앙생활에 게을러지지 않기 위해 부단히 애썼던 이야기들은 부모의 마음을 애잔하게 한다.

이 아이는 자신의 일생에서 처음 겪어야 했던 외국 생활을 무사히 잘 마치고 돌아오게 된다. 처음에 가졌던 두려움도 그의 성실함과 부단한 노력으로 떨쳐나갔고, 자신이 목표한 바를 이루기 위해 최선을 다했기에 좋은 결과를 얻을 수 있었다.

사람들은 누구나 처음 겪는 일에 대해 두려움을 갖는다. 우리가 처음 쌍둥이를 가졌을 때나, 처음 보는 꽃모종을 받아 들었을 때나, 그리고 큰 딸아이가 처음 일본 유학을 떠나게 된 것은 모두에게 긴장되는 순간이었다. 그러나 그것을 어떻게 받아들이고 얼마나 성실하게 대처하느냐에 따라 결과는 달라진다. 우리가 쌍둥이를 잘 키워낸 것이나 처음 보는 꽃을 잘 피워낸 것처럼, 큰 딸아이는 자신의 인생에서 중요한 고비를 잘 넘긴 것이다.

아비로서 나의 간절한 바람은 사랑하는 두 딸이 내가 꽃 피웠던 '셀피그로시스'보다 더욱 아름답고 소중하게 피어나기를 소망한다. 그리고 모두에게 기쁨이 되고 사랑받는 아이들이 되기를 설레는 맘으로 기대해 본다.

딸의 귀환

쌍둥이 딸 중 큰 아이인 안나가 1년간의 일본유학을 마치고 돌아왔다. 집안 형편으로야 제주도 유학도 못 보낼 형편이지만, 다행히 교환학생 프로그램에 참여하여 오사카 옆에 있는 무코가와 여대에서 공부하게 되었다. 더 감사한 것은 기숙사비가 한 달에 6만 엔 정도나 하는데, 대학에서 장학금으로 8만 엔을 준다고 했다. 2만 엔 남는 것으로 점심식사와 교통비, 그리고 필요한 용돈을 해결해야 하는데, 누가 봐도 어림없는 액수였다. 물가가 비싸고 교통비는 더욱 비싸다는 이야기를 들었기 때문에 당연히 집에서 용돈을 더 보내주어야 할 것이라고 생각을 했다.

하지만 안나는 용돈 보내달라는 소리를 하지 않았다. 자기 힘으로 어찌해볼 테니 걱정하지 말라고 했다. 매사에 분명한 아이니 잘 해결해 나갈 거라는 것은 알지만 그래도 걱정이 안 되는 것은 아니었다. 자기 아이가 고생하는 것을 즐거워할 부모는 없을 것이다. 하지만 아이의 홀로서기를 도와야 한다면 안쓰러움을 참고 지켜보아야 하겠다는 생각이 들었다.

가끔 인터넷 페이스북을 통해 가끔 아이가 올리는 글을 보면서 생각보다 잘 이겨내고 있음을 확인할 수 있었다. 하지만 먹고 싶은 것을 못 먹고, 과자 사러 갔다가 돈이 없어서 그냥 왔다는 말을 들을 땐 눈물이 핑 돌았다. 교통비가 아까워 먼 거리를 자전거를 타고 갔다 왔다는 말을 들을 땐 가슴이 아려왔다. 지금이라도 있는 돈 없는 돈 다 끌어모아 보내주고 싶었다. 그러나 난 결국 보내지 못했다. 매정한 아빠였기 때문일까? 아니면 내 아이가 자랑스럽게 홀로서기 하는 것을 보고 싶었기 때문일까?

일본에 간지 몇 달이 지난 후 아이에게서 연락이 왔다. 아주 미안한 목소리로 말하기를, 기타를 배우고 싶은데 기타 살 돈이 없다는 것이다. 아르바이트해서 꼭 갚을 테니 20만원만 보내달라고 했다. 마음 같아서는 200만원이라도 보내주고 싶었지만, 꼭 20만원 만 보냈다. 그리고 귀국하기 두어 달 전에 돈이 꼭 필요해서 25만원을 친구에게 빌렸는데, 아르바이트비가 아직 나오지 않아 못 갚고 있다고 해서, 걱정 말라며 30만원을 보내주었더니 뛸 듯이 기뻐했다. 그것이 내가 딸에게 보낸 전부였다.

귀국하는 날 공항에서 만난 안나는 자신의 귀환을 자랑스러워했다. 어찌 자랑스럽지 않으랴? 내 눈에도 공항 문에서 나오는 안나의 모습은 당당하고 멋스러워 보였다. 스스로 무언가를 해냈다는 자신감이 묻어져 나왔다. 무엇보다도 매달 많은 용돈을 받는 친구들을 보면서도 부러워하거나 자신의 부모에게 원망하지 않고, 끝까지 당당하게 자신의 길을 달려온 딸아이가 너무나 감사하고 감사했다. 아르바이트하면서도 공부를 게을리하지 않았다며 보여주는 성적표는 눈에 들어오지도 않았다. 유학생 변론대회에 나가서 우승한 상장도 그리 기쁘지 않았다. 내겐 스스로 홀로서기에 승리한 내 딸이 내게 있어 무엇보다도 값진 메달이기 때문이었다.

부모들은 때로 아이들을 믿지 못한다. 늘 어리게만 보이고 어리석어 보이기도 한다. 그러나 우리가 생각하는 것보다 아이들은 훨씬 더 자신들의 일을 잘 헤쳐나가고 있음을 알게 된다. 그러니 그냥 믿어볼 일이다. 가슴 아프다고 감싸 안지만 말고, 스스로 일어설 수 있도록 지켜볼 줄 아는 부모가 되어야겠다. 부모 품에서 나약하게 자라서 스스로는 아무것도 할 줄 모르는 아이를 만드는 것이 자식 사랑이 아니라, 스스로 자기 길을 개척해 나가도록 곁에서 지켜보아 주는 것도 자식 사랑이 아닐까? 하지만 이 글을 쓰면서도 자꾸만 눈앞이 흐려지는 것은 무슨 까닭인지 모르겠다.

좋은 저울 나쁜 저울

한동안 방구석에 처박아 놓았던 디지털 체중계에 딸아이가 배터리를 갈아 놓았다. 오가는 길에 체중계가 눈에 띄면 나도 모르게 두 발을 올려놓는다. 80kg이 넘어간다. 몸무게를 잴 때마다 스트레스를 받지만, 체중계 앞에만 오면 습관처럼 냉큼 올라선다.

“여보 나 80kg을 넘어가네.”

아내에게 슬쩍 걱정스러운 어조로 말을 건네지만 좋은 소리가 돌아올 리 만무하다. 매일 저녁 냇가라도 걸으라는 아내의 충고를 하루 이틀 무시한 것이 아니다. 그러니 내게 돌아오는 것은 ‘그럴 줄 알았다’는 아내의 핀잔밖에 없다.

나이가 들어가면서 점점 멀어진 것이 운동이다. 일과를 마치면 몰려오는 피곤함에 운동은 고사하고 늘 눕고 싶은 마음이 먼저 든다. 남들이 무슨 운동 하느냐고 물으면 언제나 쓴웃음을 지으며, ‘숨쉬기 운동’이라고 자신 있게 말했었다.

지난달 아내는 억지로 수영장에 데려가서 수영강습 등록을 했다. 도저히 말로는 안 되겠다 싶었던 모양이다. 하지만 남들 앞에, 특히 여자들도 있는 데서 맨살 드러내고 수영한다는 것이 못내 내키지 않았다. 그러나 아내의 완력(?)에 결국 수영 장비를 사러 갔다. 다른 것은 주인이 추천하는 대로 샀지만, 주인의 진심 어린 충고도 못 들은 척하고 수영복만큼은 헐렁한 트렁크 스타일을 선택했다. 몸에 딱 붙는 수영복을 입을 자신이 없어서였다. "결국 수영복 다시 사러올걸요!" 주인이 뒤통수에 대고 한마디 던진다.

수영하는 첫날, 내 생전 수영이 이렇게 중노동인 줄 몰랐다. 허벅지 근육이 땅겨오고, 숨이 턱에 닿는다. 정신없이 물장구를 치고 나면 하늘이 노래졌다. 첫 수영강습을 마치고 사우나탕에 있는 저울에 몸무게를 재 보았다. 겨우 하루 수영했는데 무슨 변화가 있겠느냐만 그래도 엄청 힘들게 운동했으니 혹시나 하는 마음에서였다.

그런데 이게 웬일인가? 2kg이 가벼워졌다. 갑자기 세상이 아름답게 보였다. 첫날 수영강습이 어땠냐고 아내가 물었다. 나는 마치 무슨 큰일이나 하고 온 사람처럼 수영이 엄청 힘들었으며, 얼마나 힘들었는지 몸무게가 2kg이나 줄었다고 했다. 아내는 웃으며 더 열심히 하라고 격려해주었다.

며칠 후 수영 할 만하냐고 묻는 막내 딸아이에게 수영강습의 효과를 설명하며, 내가 요즘 얼마나 열심히 운동했는지 며칠만에 2kg도 더 빠졌다고 이야기했다. 딸아이는 피식 웃으며 집에 있는 체중계로 다시 재보라고 한다. 으쓱해진 나는 자신 있게 체중계에 올라섰다. 하지만 이게 웬일인가? 집에 있는 체중계의 눈금은 운동전과 다를 것이 없었다.

'그것 보라'는 딸아이의 빈정거림에 순간 의기소침해졌다. 목욕탕 체중계는 일부러 몸무게가 적게 나가도록 조정해 놓는다는 속설이 진실로 믿어지는 순간이었다.

다음날 수영장에 가서 몸무게를 다시 재어보았다. 2.5kg이 줄었다. 저울의 정확성은 어찌되었든지 기분이 좋아서 더 열심히 수영장에 다녔다. 그 며칠 후에는 3kg이 줄었고 지금은 4kg이 줄었다. 난 이제 집에 있는 체중계에는 올라서지 않는다. 어느 체중계가 정확한 것인지는 알 수 없지만, 내게 있어서 수영장에 있는 체중계는 '좋은 저울'이고, 집에 있는 체중계는 '나쁜 저울'이다.

살다 보면 바른 소리를 해야 할 때도 있고, 정곡을 찌르는 말이 필요할 때도 있을 것이다. 하지만 가끔은 입에 발린 소리일지라도 듣기 좋은 말이 기분을 좋게 하는 것은 단지 우리의 귀가 얇아서만은 아닐 것이다. 때로는 목소리 톤을 조금 높여서 다른 사람들을 칭찬해주거나 듣기 좋은 말을 해주는 것도, 험한 세상을 살아가는 우리 모두에게 그리 나쁘지는 않으리라 생각된다. 수영장의 그 '좋은 저울'처럼…….

붕어빵 그 따뜻한 의미

어제 P에게 들은 이야기가 아직도 내 가슴을 찡하게 한다. 날씨가 쌀쌀해지자 P와 그의 아내는 붕어빵 생각이 났다. 마침 집에 들어온 스무 살 딸에게 붕어빵을 사오라며 돈을 쥐여주었다. 그런데 시간이 많이 지나도 딸은 돌아오지 않았다. 딸에 대한 걱정보다는 속상함이 밀려왔다. 원래 음식이란 구미가 당길 때 먹어야 제맛인데, 기다림에 지쳐서 이미 입맛이 사라지고 있었다.

한참이 지난 후에 딸이 돌아왔다. 딸은 품에서 자신이 사온 붕어빵 봉지를 제 엄마에게 내밀었다. 그런데 이미 붕어빵은 봉지 안에서 붕어의 형체를 알아볼 수 없을 만치 뭉개져 있었다. 치밀어 오르는 속을 간신히 달래며 떡처럼 붙어버린 빵을 하나씩 떼어 입어 넣으려는데, 딸아이가 미안한 듯이 조심스레 입을 열었다.

사정은 이랬다. 엄마의 심부름으로 평소에 가던 동네 붕어빵 가게를 찾았는데, 마침 문이 닫혔더란다. 그래도 엄마 아빠가

드시고 싶어 하는데, 그냥 돌아올 수 없어서 이웃 동네로 붕어빵 장수를 찾아갔다. 결국, 간신히 붕어빵을 사기는 했지만, 집에 돌아가는 동안 빵이 다 식을 것을 염려한 딸은 붕어빵 봉지를 자신의 따뜻한 가슴에 품었다. 그리고 있는 힘껏 집으로 달려왔는데, 김이 빠지지 않았던 따끈한 빵이 품 안에서 으깨지며 서로 붙어버린 것이었다. 딸은 죄인처럼 엄마 아빠를 바라보고 있었다.

순간 붕어빵을 먹으려던 P의 아내는 눈물을 터트렸다. 부모를 위해 그 먼 길을 단숨에 달려갔다 온 딸의 정성이 대견스럽고, 빵이 으깨진 사연도 알지 못하고 속상해했던 자신이 미안해서 눈물이 터진 것이었다. 순간 뒤돌아서서 붕어빵을 먹던 P의 눈에도 주체할 수 없이 눈물이 흘렀다고 했다. 그러자 앞뒤 사연을 모르는 아들까지 엄마 아빠를 따라 울고, 그런 가족을 보며 딸도 따라 울었다고 했다.

P의 이야기에 나도 하늘을 보며 눈을 끔뻑이고 있었다. 그의 이야기가 감동적이기도 했지만 내 어린 날이 갑자기 생각났기 때문이다. 어렵게 살던 초등학교 시절 학교에 가면, 당시 영양상태가 좋지 못하던 아이들을 위해 손바닥만 한 옥수수빵을 한 덩이씩 주었었다. 당시 그 빵이 얼마나 맛있던지 약간 까끌까끌하면서도 고소한 맛을 잊을 수가 없다. 학교에 공부하러 가는 것도 재미있지만, 더 기다려지는 것은 옥수수빵 한 덩어리

였다.

나는 빵을 받으면 반드시 연필 깎는 칼로 정확히 절반을 나누었다. 반은 내가 먹고 절반은 집에서 기다릴 어린 여동생을 위해서였다. 세 살이 어린 여동생은 내가 가져다주는 옥수수빵을 좋아했었다. 학교에서 집이 멀었는데, 집으로 가는 내내 신경은 가방 속에 있는 빵에 가 있었다. 몇 번을 꺼내어 만져보고 또 만졌었다. 빵의 하얀 속살을 손가락으로 후벼내어 입에 넣고 싶은 충동이 수없이 밀려왔었다. 그러나 집에서 기다릴 동생 생각에 도로 가방에 넣어야 했다. 아마도 그때 그 옥수수빵은, 내게 있어서 빵 이상의 의미가 있었을 것이다. 그것은 가족에 대한 사랑, 혹은 형제에 대한 연민이 아닌가 싶다.

때로는 작은 것 하나가 그 자신이 가진 가치 이상의 결과를 나타내는 경우가 종종 있다. P의 딸아이가 사온 뭉개진 붕어빵이나, 어린 날, 내가 동생에게 건네주었던 까끌까끌한 옥수수빵은, 분명 빵 이상의 의미가 되어 가족들을 행복하게 하였을 것이다.

모든 것이 풍요로운 지금 나 역시 붕어빵을 사 들고 가지만 그 옛날의 옥수수빵 만큼이나 우리 아이들을 설레게 할 수 있을까? 오늘 저녁 딸아이가 떡볶이를 사온다던데, 그 떡볶이는 또 내게 어떤 의미로 다가올 수 있을까?

바람직한 가정

얼마 전 텔레비전에서 동물들의 이야기를 보았다. 대부분이 자신의 새끼를 위하여 희생하는 동물들의 이야기였다. 알을 낳은 후, 그 알을 지키기 위해 먹지도 않으면서 자리를 지키다가 결국 새끼가 부화한 후에는 기진맥진하여 생을 마감하는 대왕문어의 이야기가 있다. 비록 동물이지만 뭉클한 감동을 준다. 어떤 수컷 물고기는 알을 자신의 입속에 넣고 새끼가 부화할 때까지 보호한다. 물론 그때까지 그 수컷 물고기는 아무것도 먹지 못한다.

어디 동물들의 이야기뿐이랴? 사람들의 입으로 전해오는 수많은 감동적인 이야기들은 다 열거하기도 어렵다. 동물들의 이야기는 모성애와 부성애에 관한 이야기가 많지만, 효에 관한 이야기는 찾아보기 힘들다. 하지만 사람들의 이야기에는 효에 관한 이야기가 많다. 효의 고전으로 알려진 심청전은 누구나 잘 알고 있는 이야기이다.

서양에도 효에 관한 이야기가 많이 있지만, 좀 충격적인 효에 대해서는 프랑스 여행 중, 루브르에서 본 바로크 미술의 거장인 루벤스의 그림을 통해 알게 되었다. 루벤스는 B. C 3세기 로마의 역사학자이며 철학자인 발레리우스 막시무스가 쓴 한 이야기를 통해 감동을 받고 그림을 그리는데, 그 그림이 "키몬과 페로"라는 작품이다. 이 그림은 젊은 여인이 노인에게 젖을 물리고 있는 그림으로 매우 외설스러워 보이지만, 사실을 알고 보면 숙연한 마음이 든다. 그림 속의 노인은 그 여인의 아버지로서 죄를 짓고 감옥에 갇히는데, 음식을 주지 않아 굶어 죽어가고 있었다. 이에 여인은 부끄러움도 없이 자신의 젖을 굶어 죽어가는 아버지에게 물리게 된다. 이 그림을 보면 부모를 위해 자신의 부끄러움을 내던진 페로의 무조건적인 효심을 보게 된다.

이전에는 부모의 희생적 사랑이나 효성이 지극한 자녀의 이야기가 화제가 되었다. 대부분이 일방적 희생과 사랑에 관한 이야기들이다. 자식을 위해 생명을 내던진 대왕문어의 삶은 감동을 주지만 왠지 짠한 마음이 가시지 않는다. 비록 해피엔딩으로 끝나지만, 심청이가 아버지의 눈을 뜨게 하기 위해 인당수에 몸을 던지는 장면은 감동적이라기보다 눈물겹다.

이제 가족관계는 변해야 한다. 누군가의 일방적 희생을 강요하고 박수치는 가정이 아니라, 모두가 함께 협력하고 사랑함으로써 만들어가는 가정이 필요하다. 힘들 때 곁에서 서로 마음을 함께 하며 함께 기뻐할 줄 아는 가족, 서로를 이해며 다독거려 줄 수 있는 가족이 필요하다.

이런 이야기는 한 일본 작가의 글에서 볼 수 있다. 구리 료헤이의 "우동 한 그릇" 속에 나오는 이야기는, 비록 가난하지만 우동 한 그릇을 나누며 가족애를 나누는 감동적인 이야기이다. 연말에 삿포로의 한 우동집에서 우동 한 그릇을 시켜 다정하게 나누어 먹는 가난한 가족의 모습과 그들 몰래 우동을 더 넣어주는 주인아저씨의 따스함이 더해져 진한 감동을 자아낸다. 비록 이야기 속의 일화이지만 우리 주변에 얼마든지 있을 만한 가족들의 이야기이다. 남편과 아내, 그리고 부모와 자녀가 서로를 사랑하고 돌보며, 서로를 의지하는 가정, 이러한 가정이야말로 이 시대에 꼭 필요한 가정이 아닐까?

세월의 강가에서

노래 가사처럼 "저 푸른 초원 위에 그림 같은 집을 짓고 사랑하는 임과 함께 한 백 년 살고 싶은 것"이 소싯적 내 소망이었다. 그래서 대학을 농업전문대 축산과로 갔다. 사실 앞서 말한 것은 어린 가슴에 품고 싶은 낭만이었고, 현실적인 이유는 당시 한참 일고 있던 축산 붐에 맞추어 돈벌이가 될까 싶어 선택한 것이었다.

그러나 군에서 우연찮게 군종사병으로 복무하게 됨으로써 내 진로가 서서히 바뀌어 갔다. 사실 고등학교 때 목회자가 되겠다고 헌신한 적이 있었다. 하지만 나 자신의 능력을 알고 있었고, 특히 매사에 용기가 부족한 내가 목회자가 된다는 것은 꿈 같은 일이었다. 하지만 군종병 생활을 통하여 내가 가야 할 길이 무엇인지를 확신하게 되었고, 남들 앞에서 자신 있게 설교할 수 있는 용기도 갖게 되었다. 그래서 군대를 제대하고 곧바로 신학대학에 입학했다. 그리고 3학년 때에 결혼을 서둘렀다.

그녀를 만난 것은 스물일곱 살이 되던 겨울, 전국 청년 캠프에서였다. 팀별 즉흥극을 벌이는 시간이 있었고, 평소 대본 쓰는 것을 좋아하던 나는 즉석에서 그럴싸한 대본을 만들어 냈다. 그때 주인공으로 발탁된 사람이 그녀였다.

'이효식'

내 이름과 가운데 글자가 같아서 친근감이 있었다. 나는 그녀를 잘 지도했고 우리 팀은 대상을 받았다. 그것이 인연이 되어 우리는 서로에 대해 호감을 갖게 되었고, 아직 보낼 준비가 안 되었다는 그녀 부모의 반대를 무릅쓰고 일방적으로 청첩장을 냈다. 그렇게 아무것도 준비되지 않고 가진 것도 없는 우리의 결혼 생활은 시작되었다. 월세 2만 원짜리 부엌도 없는 방에서 소꿉장난 같은 살림이 시작되었고, 비록 가난한 살림이었지만 그 누구도 부럽지 않은 행복한 나날을 보냈다.

그런데 늘 가슴에 아픔으로 자리 잡고 있던 것은 남들 다 가는 신혼여행을 못 간 것이었다. 천안에서 가까운 온양에 들러 여관방에서 하룻밤을 지낸 것이 다였다. 남들은 가끔 신혼여행의 사진을 들여다보면서 행복했던 한 때를 추억하며 사랑을 키워간다는 데, 우리는 그 흔한 사진 한 장 없었다. 가난한 신학생에게 여행은 사치였다. 아니 사치라기보다는 솔직히 돈이 없었다. 학교를 졸업하고 시골에서 잠깐 목회를 하다가 다시 구세군 사관학교에 들어갔다. 공부를 마칠 때까지의 삶은 늘 궁핍했고 아내에 대한 미안함은 늘어만 갔다.

처음 교회로 발령을 받고 어느 정도 생활이 안정되면서 아내를 위한 큰 계획 하나를 세웠다. 그것은 결혼 20주년이 되는 때 아내를 데리고 유럽으로 늦은 신혼여행을 가는 거였다. 이 계획을 위해 얼마 안 되는 용돈을 아껴서 아내 몰래 적금을 들었다. 거의 15년 동안을 그렇게 나 혼자 가슴을 설레어 하면서 아내를 기쁘게 하기 위해 그 돈을 모은 것이다. 계획대로라면 결혼 20주년에 맞추어 충분한 금액은 아니지만, 여행에 필요한 적금을 탈 수 있으리라고 생각했다.

그러나 갑자기 쌍둥이 딸들의 치아에 이상이 생기는 바람에 많은 돈이 필요했다. 두 아이가 치아가 약해서 각각 열 개씩의 치아를 금으로 때워야 했는데, 치과비용이 그렇게 많이 드는 줄은 처음 알았다. 갑자기 큰돈을 마련할 길이 없기에 할 수 없이 아내와의 여행을 위해 모은 돈에 손을 댔다. 십 수 년의 정성이 수포로 돌아가자 하늘이 무너지는 느낌이었다. 결국, 결혼 20주년은 돌아왔지만 계획된 유럽여행은 꿈같이 사라져 버렸고, 난 아내를 위해 시 한편 지어 바치는 것으로 결혼기념일 행사를 대신했다.

세월의 강가에서

세월의 강 너머
그대와 걷는 길은
이 길은 그대가 있어
외롭지 않은 길
가슴 아픈 한숨과 눈물 얼룩진
황톳길 팔십 리
지쳐 쉬던 앙상한 나뭇가지 아래
그대 손잡고 다시 일어서면
저 세월의 강 너머에
하얀 새 한 마리 날고
황혼의 언덕에서 희망을 보네
세월의 강 너머
그대와 걷는 길은
이 길은 그대가 있어
외롭지 않네

(후에 이 시에 임성환 작곡가가 곡을 붙여서 음반으로 나오기도 했다.)

그리고 몇 해가 지났다. 교인 한 동부인이 저녁에 집으로 찾아왔다. 그들은 조심스레 입을 열기를, 두 사람이 기도하다가 우리가 생각나서 찾아왔노라고 하면서 우리 둘이 여행할 수 있는 충분한 경비를 준비하여 주었다. 그날 난 결국 울음을 터트리고 말았다. 우리를 기억해 주시는 하나님의 은혜와 많은 돈을 여행경비로 내어 주신 그분들의 사랑, 그리고 이제야 아내와의 약속을 지킬 수 있으리라는 생각이 겹치자 나도 모르게 눈물이 쏟아진 것이다. 그렇게 우여곡절 끝에 드디어 우리는 유럽으로의 늦은 신혼여행 길에 올랐다. (다음에 계속)

샹젤리제의 마로니에

요즘 비행기는 참 좋아졌다. 10시간 이상을 가야 하는 비행기 안에서 할 일이라고는 잠자는 것 말고는 없었다. 그런데 요즘 비행기에서는 영화도 맘대로 보고, 게임도 하고, 뉴스도 볼 수 있으니 지루함이 없다. 작심하고 영화 몇 편을 골랐다. "밀양"이라는 영화가 대단한 호평을 받았다는데, 정작 그 영화를 보지 못했었다. 영화를 보다 보니 어디서 많이 본 스토리다. 그래, 이청준 소설 "벌레 이야기"다. 영화를 뒤로 돌려서 끝 장면을 보니 역시 이청준 원작이란다.

영화의 주인공(전도연 분)은 하나밖에 없는 아이를 유괴당하고 괴로워한다. 그러나 신앙을 가지면서 유괴한 아이를 죽인 범인을 용서해나가는, 그래서 교도소에 찾아가 범인을 용서하려 하지만 이미 신앙을 통해 마음의 평화를 얻고 있는 범인을 보고 충격을 받는다. 그녀는 "내가 용서하지 않았는데 누가 그를 용서할 수 있느냐"며 스스로의 분노를 삭이지 못해 스스로 목숨을 끊는다는 이야기다.

영화는 약간 각색을 했지만 전해지는 주제는 동일하다. 전에 공부할 때 국어 교수가 내준 숙제가 이청준의 '벌레이야기'였다. 용서란 무엇이며, 과연 진정한 용서가 가능할까? 진정한 뉘우침은 어떤 것일까? 하는 질문을 수없이 던지게 하는 작품이었다.

목적지에 도착하려면 아직 멀었는데, 아내는 공항 라운지에서 먹은 점심이 잘못됐는지 몇 번을 토하며 멀미를 하다가 잠이 들었다. 지난번 수술한 뒤로 몸이 많이 약해져서 걱정되었다. 이번 여행을 잘 마쳐야 할 텐데…….

영화 4편 정도를 보니 어느새 비행기는 영국 런던의 히드로 공항에 내렸다. 런던은 수년 전 국제사관대학에 입학하여 잠시 머물렀던 곳이기에 감회가 새롭다. 내가 아내를 이곳에 데리고 오고 싶었던 것은 신혼여행을 이곳으로 가겠다고 장담한 것 때문이기도 하지만, 런던에 머물면서 보았던 유럽의 정취를 아내에게 보여주고 싶어서였다. 그때도 가을이어서 단풍이 아름다운 공원을 거닐며 유럽의 아름다움에 푹 젖었었다.

런던 중심을 흐르는 테임즈 강과 다리 앞에서 사 먹던 양파를 듬뿍 넣은 핫도그, 국회 의사당에 세워진 시계탑 빅벤과 올라가면 런던 시내를 다 내려다볼 수 있는 관람 시설인 런던아이, 그리고 하이드 파크의 한가로움을 아내와 공유하고 싶었다. 그러나 패키지여행의 특성상 내 꿈은 사라지고, 그저 가이드가 이끄는 대로 바삐 끌려 다녀야 했다.

영국에서의 일정을 마치고 유로스타를 타고 프랑스로 향했다. 앞서 말했던 런던에서 머물 때에 주말을 기해서 프랑스에 온 적이 있었다. 동료 몇 명과 이 골목, 저 골목을 헤치고 다니면서 다른 여행에서 느낄 수 없는 자유여행의 맛을 만끽한 터였다.

프랑스에서 아내와 가장 가고 싶은 곳은 몽마르트 언덕과 세느 강변이었다. 몽마르트 그 푸른 언덕에서 아내와 포옹하고 사진을 찍고 싶었다. 그리고 세느 강변을 거닐며 지나온 세월을 이야기하고 싶었다. 남들처럼 몰래 강변 나무껍질에 사랑의 밀어도 새기고 싶었다. 전에 왔을 때 보니, 나무마다 빼곡히 이름들과 사랑한다는 밀어들이 새겨져 있었다. 유치하지만, 남들이 하는 것을 우리도 해보고 싶었다.

우리는 야간에 유람선도 타고, 에펠탑도 올라갔다. 다음날 퐁네프다리를 건너 노트르담 사원까지 걸었다. 세느 강변을 걸으며 사진도 찍고 아름다운 경관도 감상하며, 아름다운 유럽의 가을 경치에 빠져들었다. 하지만 결국 나무에 이름을 새기는 것은 포기해야만 했다. 파리를 떠날 때 샹젤리제 거리의 가로수는 붉게 물들어가고 있었다. (다음에 계속)

알프스의 흰 눈

테제베는 프랑스 리용 역을 떠나 스위스를 향했다. 제네바의 루체른 역에 도착한 것은 거의 해가 서산에 넘어갈 즈음이었다. 대기해 있던 버스를 타고 내일 아침 융프라우 등정을 위해 인터라켄 근처의 호텔로 이동했다.

스위스에 도착하자마자 완전히 새로운 분위기의 풍경들이 눈에 들어온다. 높은 알프스 산맥은 구름에 덮여있다. 저녁 햇살이 묘한 노을빛을 만들어 신비스러운 분위기를 만들어 내고, 아름다운 레만 호수 위로 그 노을빛이 녹아든다.

사방이 캄캄해지고서야 숙소에 도착했다. 피곤함보다는 배고픔이 밀려왔다. 알프스의 예쁘장한 산장 호텔에서 먹는 저녁식사는 그런대로 매력 있었다. 야채스프와 스테이크, 그리고 샐러드와 후식이 나왔다. 집에서는 다이어트하기 위해 소식을 했었는데, 이곳에서는 주는 대로 다 먹었다. 침실은 꼭 신혼 방처럼 예쁘장하게 꾸며져 있었다. 이런 곳에서 겨우 하룻밤, 그것도 내일 일찍 새벽에 일어나야 한다는 것이 아쉬웠다.

새벽 캄캄할 때에 인터라켄으로 갔다. 이곳엔 알프스의 융프라우 봉우리로 가기 위한 인터라켄 오스트 역이 있다. 높은 산을 오르기 쉽게 기차선로 중앙에 톱니바퀴 선로가 하나 더 있는 것이 특징이다.

융프라우는 유럽의 지붕으로서 3,454m의 만년설이 덮인 산봉우리이다. 그 모습이 아름다워 알프스 여러 봉우리 중에서 유일하게 유네스코에서 세계자연문화유산으로 지정하였다.

옛날에는 그곳에 오르기가 하늘의 별 따기보다 어려웠을 것인데, 이제는 편안히 기차를 타고 정상근처까지 올라간다. 빙벽을 터널로 뚫고, 톱니바퀴 기차를 운행한 덕분이다. 거의 정상부근에서 내려서 다시 암벽 속에서 승강기를 타고 올라가면 정상이 보인다.

10월초라서 무엇이 그리 추우랴 싶었다. 하지만 세찬 바람과 함께 파고드는 추위는 한겨울의 그것이었다. 만년설을 배경으로 사진을 찍고, 누워도 보았다. 산을 내려오는 기차에서 바라본 알프스는 정말 대단했다. 만년설이 뒤덮인 그 위용도 대단했지만, 산봉우리 아래로 펼쳐진 아름다운 계곡들과 푸르른 초원들이 끝없이 펼쳐져 있었다. 그 초원 위엔 풀을 뜯는 소 떼들과 아름다운 동화 속에서나 볼 법한 집들이 옹기종기 모여 있었다. 그리고 붉게 물들어가는 숲과 에메랄드빛 호수는 우리의 마음을 흥분케 했다.

봄이면 초원 가득히 아름다운 꽃들로 뒤덮이는데, 가을이라서 아름다운 꽃들을 보지 못한 것이 못내 아쉬웠다. 마음은 알프스의 초원에 머물러 움직이지를 않는데, 기차는 무심하게도 인터라켄 역을 향해 달린다.

인터라켄에서 점심을 먹고 쇼핑을 했다. 남들은 쇼핑을 하는 내내 공원의 벤치에 앉아 스위스 마을의 풍경을 눈에 담았다. 언젠가 꼭 다시 와보고 싶은 곳이다. 쇼핑을 마치고 우리 일행은 아쉬움을 뒤로하고 이탈리아로 향했다.(다음에 계속)

알프스를 떠나며

햇살에 반짝이는 알프스의
흰 눈이 가슴에 녹아든다.
푸른 초원 한가로운 소떼들
하이디의 후예들이 미소 짓는다.

비취빛 호수 위로 가을이 스며들면
사랑했던 사람들은 떠나가고
홀로 남은 추억은 알프스 산자락에 남아
슬픔에 몸져눕는다.

아, 아름다운이여
누가 묻거들랑
내 가슴 저린 사랑
이곳에 남겨두고 갔다고 전해주렴
아름다운이여
누가 또다시 묻거들랑
너무나 안타까워
내 마음 이곳에 남겨두고
그리움만 가지고 떠났다고 전해주렴

밀라노의 밤거리

아쉬운 마음으로 스위스를 떠났다. 우리를 실은 버스는 스위스의 산악도로를 달려 이태리를 향했다. 계곡 마다 가을의 정취가 묻어나고, 알록달록한 나뭇잎들이 차창을 스친다. 잠시 창에 기대어 조용히 밖을 응시하며 상념에 젖는다. 아름다운 모습들을 뒤로하는 아쉬움과 새로운 세계에 대한 기대감이 교차된다.

약 6시간을 차로 이동하여 이탈리아의 밀라노에 도착했다. 거의 어둠이 내릴 즈음에 우리는 유럽 최고의 고딕성당인 두오모 성당과 주변의 관광지를 돌아보았다. 어둠이 내린 밀라노 거리는 활기찼다. 대형 유통 상가와 같은 빅토리오 엠마뉴엘레 2세 갤러리아 등을 돌아보았다. 그 건물의 웅장함과 아름다움은 가히 말로 표현 할 수 없을 정도였다.

밀라노에서 역시 쇼핑을 빼놓을 수 없다. 이탈리아의 명품들을 구입할 수 있는 기회였다. 사실 쇼핑 시간만 되면 고민이 된다. 많은 사람이 제각각 물건을 사대는데, 난 아내의 눈치만 살피게 된다. 작은 가방 하나에 백만 원을 호가하는데, 나로서는 가슴 떨리는 일이 아닐 수 없다.

여행 중반에 들면 슬슬 돌아가서 지인들에게 나누어 줄 선물 사는 일에 신경을 쓰게 된다. 마음의 짐을 덜 겸 우리도 대부분의 선물을 이미 구입한 상태였다. 비교적 값이 싸고 좋은 프랑스 화장품류를 주로 샀다. 이탈리아에서는 처제가 부탁한 가방을 하나 샀다. 알만한 유명 브랜드는 너무 비싸서 중가형으로 구입했다. 그런데 정작 우리 자신을 위한 물건은 이제까지 하나도 구입한 것이 없다.

아내는 자꾸만 명품 가방을 이리 들어보고 저리 들어보고 한다. 고민이다. 하지만 지금까지 살아오면서 고생한 아내에게 그까짓 명품가방 하나 못 사줄 것도 없다. 이 여행부터가 순전히 아내를 위한 여행이 아니었던가.

"여보, 맘에 드는 거 하나 골라봐!"

내 목소리에 비장함이 느껴졌다. 마치 내 생애에 있어서 엄청난 결정을 내린 사람 같았다. 아내는 기쁜 얼굴로 이것저것 들어보고 어깨에 걸쳐도 본다. 그런 아내가 사랑스럽고 흐뭇하다. 아무래도 잘한 일이다. 그런데 가방을 고르던 아내가 가방을 하나 들어 보이며 묻는다.

"이거 어때?"

그 순간 가방의 어울림보다는 가격표에 먼저 눈이 간다.

거의 짐작했던 가격이다.

“글쎄? 어울리는 것 같기도 하고, 아닌 것 같기도 하고…….”

판단이 안서는 나는 아내가 좋은 대로 결정하라고 했다. 한참을 고르던 아내는 짐짓 고개를 흔들며 말한다.

“나한테 어울리는 것이 없는 것 같아”

그 순간 내 입에서 나온 말은 의외였다.

“그렇지? 물건이 별로 없는 것 같네. 맘에 드는 것 없으면 다음에 사지 뭐!”

내 말에 아내는 더 이상 말을 못하고 가게를 나섰다. 아내의 기분이 우울해진 것을 눈치챈 것은 한참 후였다. 쉴 새 없이 조잘거리던 아내의 말 수가 갑자기 적어졌다. 급기야는 작은 일에도 짜증을 내기 시작했다. 갑자기 분위기는 싸늘해지고, 그런 아내의 태도에 속이 상해왔다. 그러게 누가 사지 말랐던가? 사라고 해도 자기가 못 사놓고 괜한 짜증을 부린다. 그러나 나라고 잘한 것은 아니다. 그때, 등 떠다밀어서라도 하나 사게 했어야 했다.

커피 한잔을 사서 말없이 아내에게 건넸다. 아내는 무표정하게 커피를 받았다. 그렇게 커피 한 잔을 마신 다음에야 서로 입을 뗐다.

“여기에도 우리나라에서 볼 수 있는 냉이가 있네?”

별 신기한 것도 아닌데, 화단 한구석에 나 있는 냉이를 보며 우린 서로 신기한 듯이 호들갑을 떨었다. 우린 그렇게 서로에 대한 멋쩍음을 떨어냈다.

나는 안다. 아내가 우울했던 것이 나에 대한 짜증이 아니었던 것을……. 사실 아내도 자신이 명품을 구입하여 들고 다니는 것에 대해 부담을 가진 것이다. 그래서 온 기회도 잡지 못하고 애써 어울리는 것이 없다는 핑계로 가게를 떠난 자신에 대해 화가 나는 것이다. 우린 그렇게 한 세상 살아왔다.

우리보다는 늘 남을 먼저 생각해야 했기에 자신에 대해서는 늘 인색했던 것이다. 남들에게는 좋은 것을 주면서도 우린 늘 시장의 좌판을 뒤져서 옷을 사 입었었다. 수년 전 아내는 속상한 얼굴로 자신도 좋은 옷 입고 싶다고 투정을 부렸었다. 우리가 도와준 어떤 집에 가보았더니, 그 집은 없는 게 없더란다.

사치하며 사는 것을 죄로 여겼기에 물질적 여유가 있으면서도 그 여유를 누려보지 못했었다. 지금은 고등학교에 다니는 딸애가 초등학교 6학년 때에 담임선생에게 거짓말을 했다고 맞았다고 했다. 선생에게 거짓말을 했으니 맞는 것은 당연하지 않느냐고 했다. 그러나 딸애의 말을 듣고 우리는 충격을 받았다.

그때까지만 해도 우린 흑백 중고 텔레비전을 보고 있었다. 결혼 후, 아내가 전파상 앞에서 한 달을 서성거려 겨우 구입한 중고 흑백텔레비전이다. 그것을 십 수 년 동안 쓰고 있었던 것이다. 그런데 그만 고장이 나서 그마저도 없어졌다.

학교에 간 아이가 수업시간에 졸자, 담임선생은 밤새 텔레비전을 보니 학교에서 존다고 하며 야단을 쳤다. 아이는 당돌하게 우리 집엔 텔레비전이 없어서 밤새 텔레비전을 보았다는 선생님 말씀은 틀렸다고 말했단다. 그러나 담임선생은 요즘 세상에 텔레비전 없는 집이 어디 있느냐고 하면서 거짓말한다며 매를 댔다는 것이다.

당시에 얼마나 속이 상했는지 그 선생의 멱살이라도 잡고 집에 와서 보여주고 싶은 심정이었다. 하지만 그 담임선생의 말도 무리는 아니다. 당시 그 읍내에서 가장 큰 교회를 담임하고 있는 목회자 집에 텔레비전이 없어서 텔레비전을 못 본다는 것은 말이 되지 않기 때문이다. 서럽게 우는 딸아이를 간신히 위로한 후에 당장 텔레비전을 샀다. 하지만 그 매장에서 제일 싼 물건이었다.

또 한 번은 당시에 무스탕이 유행해서 진짜 큰맘을 먹고 백 몇 십 만 원짜리 좋은 무스탕을 샀다. 처음부터 그것을 사려던 것은 아니었지만, 잘만 입으면 평생 입을 수 있으니 결코 비싸거나 사치스러운 것이 아니라는 주변 사람들의 말에 마음이 움직인 것이었다. 하지만 주위에는 가난한 시골 목사님들이 많이 있어서 그것을 입고 나갈 용기가 없었다. 결국 밤 11시에 무스탕을 입고 몰래 동네 한 바퀴를 돌았다. 그리고는 곧바로 그 무스탕은 다른 사람의 손에 들어갔다.

살기를 이렇게 융통성 없이 살아왔으니, 아내가 선뜻 자신을 위해 명품 가방 하나 사지 못하는 것은 당연하다. 돈이 없어서가 아니라 이미 그렇게 길들어 있었기 때문이다. 아내는 적금을 깨가면서도 남을 돕는 사람이다. 아무 이유도 없이 누군가 내게 고맙다고 인사를 하면, 틀림없이 그 뒤엔 아내의 베풂이 있었다. 지금은 그래도 많이 세속화(?)되어 자신을 위해 돈을 쓰기도 하지만, 아직 명품을 턱 하니 살 만큼 대담해지지는 않았던 것이다.

아내는 그러한 자신의 입장을 알면서도 괜히 속상한 거다. 남을 위해서는 선물 한 보따리를 샀으면서도 정작 자기 물건은 하나도 없는 것이다. 그런 아내를 살며시 안으며 용기 내어 한마디 건넸다.

“여보, 사랑해!”

아내는 빙긋이 웃으며 답했다.

“난 당신만 있으면 돼. 다른 거는 필요 없어.”

순간 모든 속상함은 사라지고 밀라노 거리의 불빛 속에 우리의 사랑은 반짝이며 타올랐다. 그렇게 이탈리아의 밤은 깊어가고 있었다.(다음에 계속)

아 카프리여!

피사에서 아침 일정을 보낸 우리는 4시간이나 걸려서 로마에 입성했다. 로마에서 하룻밤을 보내고 아침을 먹은 후 다시 버스를 타고 이탈리아 남부를 향해 달렸다. 이탈리아 지도는 꼭 여자 부츠같이 생겼는데, 오늘 가고자 하는 곳은 가장 남부 쪽에 해당하는 폼페이와 소렌토, 나폴리, 그리고 카프리 섬이었다.

가장 기대가 된 곳은 당연히 폼페이였다. 책이나 영화를 통해 본 폼페이의 역사를 직접 볼 수 있다는 생각에 마냥 가슴이 들떠 있었다. 또 하나 기대했던 곳은 소렌토 항과 세계 3대 미항으로 일컬어지던 나폴리를 보는 것이었다. 소렌토 언덕에 서서 '돌아오라, 소렌토로'를 부르고 싶었다.

버스 차창으로 멀리 폼페이를 잿더미로 만든 베수비오스(vesuvius) 산이 보였다. 베수비오스 산은 커다란 구름에 머리를 감추고 아직도 거만한 몸짓으로 서 있었다. 왠지 모를 두려움이 엄습해 온다. 약 2,000년 전 한 도시를 폐허로 만들었던 괴물이 지금도 태연한 모습으로 버티고 있는 것이다.

서기 79년 8월 24일 아침, 지체 높은 로마 시민들의 여름철 휴양 도시인 폼페이는 바쁘고 활기에 넘쳐 있었다. 나폴리로부터 12㎞ 떨어진 베수비오스 산기슭에서 사루누스 강어귀에 세워진 항구 도시 폼페이는 로마제국의 화려함을 잘 나타내 주는 사치스러운 도시였다. 그러나 갑자기 폭발한 화산으로 인해 인구 2만의 도시는 순식간에 화산재에 덮여버렸다. 그리고 역사 속에서 사라졌다가 1738년 4월 어느 농부에 의해 고대 수도관의 일부가 발견되면서 이목을 끌기 시작했고, 1748년 4월에 가서 본격적인 발굴이 시작되었다.

현재 발굴된 폼페이는 잘 보존되어 있었다. 좁은 미로 같은 골목들과 호화로운 주택들, 골목마다 있는 빵 굽는 가게, 방앗간, 그리고 발굴유물들과 화석으로 변한 당시 사람들, 목욕탕 시설과 수도시설들을 보았다. 고대 수도관은 납으로 되어 있어서 아직 부식되지 않고 남아있었다. 납중독의 위험을 알았었더라면 납으로 수도관을 만들지는 않았을 것인데, 납이 무르고 다루기 쉬워 그걸로 수도관을 만든 모양이었다.

사람들이 한참이나 줄을 서서 기다리기에 우리도 뒤따라 섰다. 여행하면서 배운 것은 사람들이 많이 몰려가는 곳이나 줄서 있는 곳은 반드시 볼만한 것이 있다는 것이다. 30분이나 줄을 서서 결국 구경한 것은 2,000년 전의 사창가였다. 벽에 음화

(淫畫)가 그려져 있고 돌로 된 침대가 있었다. 폼페이의 멸망의 직접적인 원인은 화산폭발이지만, 그들의 무절제한 생활이 신의 진노를 부르지는 않았는지 오늘을 사는 우리에게 경각심을 준다.

쓸쓸한 마음으로 폼페이를 떠났다. 다음 일정은 낭만의 항구인 소렌토와 나폴리, 그리고 카프리 섬을 구경하는 것이었다. 사실 카프리 섬에 대한 것은 잘 알지를 못했지만 가이드가 옵션으로 권한 것을 받아들였다. 물건들이야 돈만 있으면 한국에서도 얼마든지 살 수 있지만, 여행은 기회가 지나면 다시 오기 힘들기에 모든 옵션을 다 수용하기로 맘먹었던 터였다.

우리는 가까운 폼페이 역으로 갔다. 그곳에서 기차를 타고 소렌토로 가는 것이다. 작은 시골 역은 우리네 것과 다를 바 없었다. 잠시 후 기차가 도착하고 우리는 부푼 마음으로 기차에 올랐다. 마주 보는 앞자리에는 예쁘게 생긴 남자아이와 여자아이가 타고 있었다. 들고 있는 수학교과서를 보나, 생긴 모습으로 보나 틀림없는 중학생들이다. 그런데 느닷없이 우리가 보는데서 키스를 한다. 유럽에 와서 아무 데서나 키스하는 모습은 많이 보았지만, 어린애들이 바로 앞에서 키스하는 모습을 보는 것은 영 멋쩍었다. 이탈리아 말도 모르니 뭐라 할 수도 없고, 오히려 보는 사람이 무안하여 어색한 웃음을 지었다. 낯선 이방인이 보는 것이 오히려 즐거운지 이번엔 보란 듯이 딥

(deep) 키스를 한다. 여자아이가 얼마나 세게 키스를 했는지 남자아이 잇몸에서 피가 나왔다. 한바탕 웃음이 터져 나오고 어색한 분위기가 사라졌다. 서로가 조금씩 아는 영어로 대화를 나누고 사진을 하나 찍었다. 우리 문화엔 어색하지만, 이곳에서 보니 밉지만은 않은 것이 이곳이 유럽의 중심이기 때문인 모양이다.

기차가 역에 도착하자 소렌토 항구로 갔다. 소렌토는 정말 아름다웠다. 항구를 둘러싼 둥근 절벽 아래로 아름다운 항구가 포근히 안겨있었다. 그 해안 절벽 위에 서서 지중해 바다를 바라보며 '돌아오라 소렌토로'를 부르고 싶었지만, 시키는 사람이 없어서 결국 부르지 못했는데, 내내 아쉬움이 남는다.

소렌토의 아쉬움을 뒤로하고 카프리 섬으로 떠나는 배를 탔다. 소렌토에서 멀지 않은 지중해 바다 위에 불쑥 솟아있는 카프리 섬은 환상의 섬 그 자체였다. 셔틀버스로 산 중턱까지 올라간 다음 곤돌라를 타고 정상에 올랐다. 내려다보이는 경치는 탄성을 자아냈다. 지중해 푸른 바다 위에 떠 있는 낙원이 바로 카프리 섬이었다. 바닷가에 줄지어 있는 하얀 집들, 작은 농장, 아름다운 언덕과 절벽들, 하얀 테라스에 피어있는 빨간 제라늄, 카프리 사람들의 해맑은 미소, 시원한 바람, 어느 것 하나 아름답지 않은 것이 없었다.

정상에서 바라보는 카프리 섬은 또 다른 매력이 있었다. 언제 또 오랴 싶어서 정신없이 셔터를 눌러댔다. 그런데 나중에 보니 카메라 칩에 문제가 생겨 이곳에서 찍은 사진 대부분을 잃어버렸다. 그저 가슴속에 그 아름다움을 간직해 두는 수밖에 없을 것 같다. 어쩌면 사진이 없어져서 그곳이 더 아름답게 느껴지는지도 모르겠다.

더 오래 머무를 수 없는 사정을 탓하며 내려오는 곤돌라를 탔다. 천천히 내려오는 곤돌라 위에서 잠시 눈을 감고, 눈이 아닌 마음으로 카프리를 느꼈다. 지중해의 시원한 바람이 볼을 스친다. 그리고 그리움 한 자락 내 가슴을 뚫고 지나간다.

카프리 연가(戀歌)

쪽빛 바다 위로
하얀 구름 솜털처럼
물을 머금고
눈부시게 하얀 예배당
십자가 위에
그리움 하나 걸려있다

눈웃음으로 지나는
카프리 여인
아이들의 해맑은 웃음
검게 그을린 바다 사내들
귀밑을 간질이는 산들바람에
난 수줍어한다.

아, 아름다운 카프리여!
나 언제 다시 오려나
깊은 한 숨 항구에 묶어두고
배는 떠난다

베니스의 곤돌리에

이제 여행의 끝이 거의 다가온다. 하지만 이 여행의 끝에 피렌체와 베네치아가 있다는 것은 결코 긴장과 기대를 늦추지 말라는 의미일 것이다.

피렌체는 부르는 언어에 따라 달리 불린다. 이탈리아 말로는 피렌체인데, 로마의 가이사 황제가 이곳을 점령한 후 아름다운 꽃이 많은 것을 보고 그렇게 불렀다고 한다. 영어로는 플로렌스(Florence)라고 부른다. 미켈란젤로 언덕에서 피렌체를 내려다보면 중심으로 흐르는 아르노 강 양편으로 펼쳐지는 시가의 빨간색 지붕들이 모두 꽃으로 보인다고 하여 그렇게 부른다는 말도 있다. 혹은 프랑스어로는 프로방스라고 부른다 하니, 부르는 언어에 따라 오는 느낌도 제각각이다.

피렌체는 이탈리아 역사뿐만 아니라 세계의 역사 속에서도 중요한 도시이다. 이 피렌체를 중심으로 그 유명한 문예부흥(르네상스, 14-16세기)이 일어났기 때문이다.

원래 피렌체는 11세기에 토스카나 공화국이었으며, 가죽산업으로 유명했다. 당시 이탈리아는 여러 도시국가로 이루어져 있었으며, 모두 바다를 끼고 있는 해양중심의 무역국이었다. 하지만 피렌체는 내륙에 속해 있었고 해양으로 진출하는 길이 막혀 있었다. 하지만 피렌체(토스카나 공화국)는 '길드'라는 상인조합을 형성하여 면방직 산업을 발전시켰으며, 막대한 돈을 벌어들였다. 그리고 이러한 자금을 바탕으로 종래에는 전 유럽의 금융업을 석권하였다.

피렌체 사람들은 돈은 많았지만, 대부분이 천민이나 중인 출신들이었다. 그들은 자신들의 신분에 대한 보상으로 학문과 예술 발전에 노력하였으며, 문학, 음악, 미술 등의 예술가들을 지원하였다. 이 때문에 많은 예술가들이 피렌체로 몰려들었고, 피렌체는 문예부흥의 중심으로 부상하게 되었다. 그리고 이들의 배후에는 그 유명한 메디치 가문이 있었다. 메디치가(家)는 문예부흥을 적극적으로 도왔으며, 피렌체의 최고의 권력가로 자리 잡았다. 이 당시 메디치가의 후원으로 크게 이름을 떨친 사람이 바로 미켈란젤로이다. 그밖에 네오나드르 다빈치, 데카메론을 쓴 보카치오, 신곡의 저자 단테 등이 피렌체 출신들이다.

메디치가는 프랑스 왕 앙리 2세와 4세의 두 왕비를 냈고, 교황도 2명을 배출하였으며, 3백 년 넘게 가문의 전통을 이어갔던 메디치가는 교황청의 재정도 관장하였으며, 유럽 전역 16개 도시에 은행을 처음 설립하기도 하였다.

우리는 1471년에 완공된 두오모 성당을 찾았다. 마을 중심에 위치한 이 성당은 그 규모만 해도 모든 사람을 압도할 만하다. 또한, 이 성당은 아름답기 그지없는데, 성당 전체가 아름다운 하나의 조각품이라고 해도 과언이 아니다. 이 성당은 '꽃의 성모 마리아 성당(Santa Maria del Fiore)'이란 이름으로 유명하다. (필자 주-두오모는 둥근 돔을 가진 대성당을 일컫는 말로서 이탈리아에는 여러 개의 두오모 성당이 있으며, 그중에 밀라노의 두오모 성당과 피렌체의 두오모 성당이 유명하다.)

가이드를 따라 알 수 없는 골목길을 조금 따라가니 단테의 생가가 나온다. 단테는 이곳에서 그 유명한 신곡(神曲)를 썼다. 하지만 단테는 이곳에서 쫓겨나 정치적 망명을 하였고, 라겐나에서 살다가 세상을 떠났다. 후에 피렌체에서는 단테의 시신을 찾아오려고 소송을 냈지만 결국 패소하였다.

시뇨리아 광장에서 이탈리아의 유명한 조각상들이 줄 서 있는 베키오 프라자를 지나면 피렌체의 중심을 흐르는 아름다운 아르노 강을 만난다. 이 강에는 유명한 다리가 있는데, 바로 베키오 다리(FONTE VECCHIO)이다. 이 다리가 유명해 진 것은 피렌체에서 가장 오래된 다리이기도 하지만, 단테가 이 다리에서 그가 연모하던 베아트리체를 만난 것으로 알려졌기 때문이다.

문학을 하는 사람들은 그가 사랑했던 사람들을 통해서 영감을 얻고, 그 사랑의 고통을 통해서 문학을 토해 놓는다. 아마 단테의 신곡에서 역시 그가 천국에 이르러 베아트리체를 만나는 장면은 우연이 아닐 것이다. 강변에서 베키오 다리를 바라보면서 단테의 애절한 그리움을 느껴본다. 그리고 나의 지난날들 속에서 내가 그리워했던 사람들, 그리고 지금도 그리워지는 사람들을 떠올려 본다.

우리는 다음날 물의 도시 베니스(베네치아)로 갔다. 베니스는 우리에게 영화제로도 잘 알려져 있지만, 수상 도시라는 것이 사람들의 이목을 끈다. 베니스는 원래 섬으로 된 곳은 얼마 없고 대부분이 물속에 썩지 않는 나무로 기초를 하고 그 위에 건물을 세운 수상도시이다. 베니스 사람들은 무역활동을 통해 막대한 돈을 벌었으며, 이러한 경제적 기반으로 엄청난 수상도시를 세운 것이다. 베니스는 모든 골목이 수로로 되어 있으며, 차를 이용할 수 없고 좁은 곤돌라라는 배를 이용하여 이동한다. 구역과 구역 사이는 다리가 놓여있어서 곤돌라는 모는 사람들은 기술적으로 이 다리 밑을 통과한다.

베니스의 중앙 광장에는 수많은 비둘기가 관광객을 맞는데, 한 번 날아오르면 하늘이 뒤덮일 정도이다. 하지만 건물마다 비둘기 배설물 때문에 골치를 썩이고, 수많은 비둘기가 날 때마다 엄청난 먼지가 떨어져서 그다지 아름답게만 볼 일은 아닌 것 같다.

광장은 밀물이 올 때마다 수위가 높아져서 하수구 물이 역류한다. 심할 때는 광장 대부분이 물에 잠기기도 한다. 그래서 별도로 사람들이 다니는 가교를 만들어 놓고 있다. 최근 들어서는 온난화 현상으로 바닷물 수위가 높아지면서 베니스가 점점 잠기고 있다고 하니 안타까운 일이 아닐 수 없다.

우리는 곤돌라를 타고 베니스 중심가를 돌아보기로 하였다. 마음씨 좋은 곤돌리에의 노 젓는 솜씨는 가히 일품이다. 좁고 긴 곤돌라를 좁은 수로의 구석구석으로 몰아가는데, 모퉁이를 돌 때와 다리를 지날 때는 특별한 기술이 필요하다.

아내와 함께 곤돌라를 타고 베니스의 골목을 누비니 이만한 행복이 없다. 지난날이 힘들었으면 어떠랴! 지금 이 순간 우리에겐 최고의 순간이며, 행복한 순간이다. 다른 걱정일랑 털어버리고 오늘은 마냥 행복감에 젖고만 싶다.

피렌체나 베니스나 모두 상업을 통해 거부가 된 사람들이다. 그러나 피렌체 사람들은 그 부를 통해 문예부흥을 일으켰고, 오늘날에도 길이 남을 많은 문학과 예술작품들을 남겼다.

그러나 베니스 사람들은 그 부로써 오늘의 베니스라는 수상도시를 세웠다. 피렌체가 남긴 아름다운 문화유산들과 그 문예부흥의 역사는 길이 남을 것이다. 그러나 베니스의 아름다운 수상도시들은 언젠가 바닷속으로 가라앉을 것이다. 이 두 가지가 서로 대비되어 많은 것을 생각하게 한다.

우리는 오후에 산악도시인 오스트리아의 인스부르크로 이동했다. 저녁 무렵 도착한 인스부르크에는 황혼이 깔리기 시작했다. 인스부르크는 색다른 느낌을 주는 도시였다. 분주함도 없어 보이고, 차분한 느낌을 주는 아름다운 도시였다.

다음 날 아침 일찍 우리는 독일의 하이델베르크로 갔다. 이곳은 이제 중세 도시다운 중후함이 풍겨 나오는 도시이다. 멀리 보이는 하이델베르크 고성과 잔잔히 흐르는 네카강, 그리고 멋진 카를 데오도어 다리, 학문의 중심인 하이델베르크 대학, 모두가 가슴속에 간직할 만한 풍경들이다.

이제 우리는 프랑크푸르트로 이동하여 고향으로 돌아가는 비행기를 타야 한다. 아름다운 도시들과 풍경들을 두고 떠나야 하는 마음이 무겁다. 그러면서도 어서 집에 가고 싶다는 생각이 드는 것이 또 무엇 때문일까? 아마 그곳에는 나의 그리운 사람들이 있기 때문일 것이다. 그래서 아름다운 풍경들이 아무리 나를 붙잡아도 나는 고향으로 돌아가고만 싶은가보다.

Ⅲ. 온 세상에 희망을

온 세상에 희망을

아주 오래전에 읽었던 책이 하나 있다. 책의 제목이나 안에 있는 그림은 영락없는 아이들 동화책이지만, 내용은 아이들이 이해하기에는 조금 어려웠다. 바로 트리나 폴러스가 쓴 "꽃들에게 희망을"이라는 책이 그것이다.

이 책에는 주인공으로 작은 줄무늬 애벌레가 등장하는데, 어느 날 좀 더 나은 삶을 찾아 길을 나섰다가 하늘로 치솟은 기둥을 발견한다. 그 기둥은 애벌레들의 기둥이었다. 애벌레들은 하늘 꼭대기에 어떤 희망이 있다고 생각하여 남들을 밟으며 끊임없이 기어 올라갔다. 벌레 기둥을 기어오르던 줄무늬 애벌레는 도중에 노란 애벌레를 만나게 되는데, 남들을 밟고 올라서는 자신들의 행동을 좋지 않게 여겨 아래로 내려오지만, 줄무늬 애벌레는 벌레 기둥의 꼭대기에 대한 미련을 버리지 못하고 다시 기둥을 기어오른다.

결국, 줄무늬 애벌레는 꼭대기에 이르지만 아무것도 발견하지 못한다. 그러던 중 그는 아름답게 날아오르는 노랑나비를 발견하게 되는데, 그것이 바로 노란 애벌레였음을 알게 된다.

그제야 줄무늬 애벌레는 희망을 향해 오르는 것은 남들을 밟고 올라서는 것이 아니라, 고치를 벗고 나비가 되어 날아오르는 것이라는 것을 깨닫게 된다. 그리고 줄무늬 애벌레도 마침내 고치를 벗고 나비가 되어 날아오른다는 이야기이다. 그리고 이렇게 날아오른 나비들은 자신들의 행복뿐 아니라, 자신들로 인해 열매 맺게 될 모든 꽃들에게도 희망이 된다는 메시지를 던져주고 있다.

작은 애벌레의 이야기가 우리에게 많은 교훈을 준다. 이 세상에는 자신들의 출세를 위해 남들을 짓밟고서라도 올라서려는 사람들이 얼마나 많은가? 그러나 그런 사람들이 인생의 끝에서 느껴야 하는 허무함은 이루 말할 수 없을 것이다. 하지만 미련한 인생은 벌레 기둥을 이루었던 그 수많은 애벌레처럼 깨닫지를 못한다.

작은 애벌레가 고치를 벗고 나비가 되는 것이 꽃들에게 희망이 된다면, 무덤을 열고 부활하신 예수님은 온 세상의 희망이 되신다. 줄무늬 애벌레가 노랑나비를 보고 하늘을 나는 것의 기쁨과 의미를 알았던 것 같이, 우리는 예수님의 부활을 통해 인생의 저 건너에 있는 부활의 의미와 기쁨을 깨달아야 한다. 우리의 가슴마다 부활의 소망으로 가득 찰 때, 절망과 좌절의 세상에도 희망이 생긴다.

인생을 살면서도 어디로 가는지를 모르고 사는 지금의 세상,

무언가를 향해 열심히 달려가지만 결국 그 끝에서 허무함을 맛보는 인생, 수단과 방법을 가리지 않고 자신의 사욕을 위해 최선을 다하지만, 결코 행복할 수 없었던 인생들, 그들에게 예수 그리스도는 분명히 희망이 되신다.

"우리 주 예수 그리스도의 아버지 하나님을 찬송하리로다. 그의 많으신 긍휼대로 예수 그리스도를 죽은 자 가운데서 부활하게 하심으로 말미암아 우리를 거듭나게 하사 산 소망이 있게 하시며," - 벧전1:3

콩을 줍는 마음

추수가 끝난 콩밭에서 허리 굽은 촌로가 콩을 줍는다. 아픈 허리를 두드려가며 하루 종일 주은 콩이 두 되를 넘지 않는다. 값으로 따지면 얼마 되지 않지만, 한 해 동안 땀 흘려 농사지은 것을 한 톨이라도 허투루 버리고 싶지 않아서일 것이다.

요즘은 모든 것이 풍요로운 시대이다. 아니 풍요롭다기보다는 "풍요롭게 소비하는 시대"라고 말하는 편이 나을지도 모른다. 남녀노소를 불문하고 도무지 아낄 줄 모르는 시대가 되어버렸다. 옛날이야기를 하는 것이 고리타분하게 느껴질지 모르지만, 종이 한 장, 연필 한 자루를 아끼던 시절이 있었다. 지금의 경제적 능력으로 그렇게까지 아끼지 않아도 된다고 생각할지 모르지만, 절제되지 못한 삶이 환경을 오염시키고 자연을 훼손하는 주범이 되고 있음을 간과해서는 안 된다. 절제의 삶이라는 것은 단순히 돈 몇 푼 아끼자는 이야기만은 아닌 것이다. 모든 물자의 과소비, 절제되지 못한 향락적인 삶들이 우리가 사는 사회와 환경에 미치는 영향은 실로 대단한 것이다. 그

예로써 우리가 아무렇지 않게 낭비하는 물 한 바가지가 나중에 우리 자신을 목마르게 할 수도 있다는 사실을 알아야 한다.

오래전에 두 방 사이에 구멍을 뚫고 가운데 형광등 하나를 달아서 양쪽 방을 비추던 모습을 본 적이 있다. 아마 조금은 어두울지라도 전기를 절약하자는 생각에서 낸 아이디어일 것이다. 절제, 혹은 절약이라는 말이 어찌 보면 궁색한 단어로 보일지도 모른다. 하지만 이것은 단지 궁색의 의미를 초월한 숭고함이 묻어있는 단어임을 알았으면 좋겠다.

우리나라에서 1년간 버려지는 음식 쓰레기가 5백11만 톤으로 돈으로 환산하면 20조 원이며, 이를 처리하는 비용이 연간 8천억 원이 소요된다(2010년 기준, 환경부 자료). 이것은 단순 계산에 의한 것일 뿐, 이로 인해 발생하는 환경오염이나 수질오염, 농축산물 수입 증가 등의 부수적인 피해들도 상당하다는 것에 경각심을 가져야 한다. 반면에 일부 나라의 빈민들은 음식을 먹지 못해 수많은 생명이 안타깝게 사라져 가고 있다. 나의 풍족함을 조금 절약해서 어려운 사람들을 위해 사용할 수 있다면 그처럼 좋은 일은 없을 것이다.

어느 어머니는 밥을 할 때마다 쌀을 조금씩 떼어 다른 쌀독에 모아놓았다. 아이들은 어머니가 왜 그렇게 하는지를 이해하지 못했었다. 쌀이 제법 모여졌을 때, 그 어머니는 따로 모아놓았던 쌀을 모두 퍼 담아 이웃의 혼자 사는 할머니의 빈 쌀독에 조심스레 부어놓고 돌아왔다. 그제야 아이들은 자신들의 어머니가 얼마나 귀한 일을 하는지 알게 되었다.

우리의 개인적 삶이든지, 아니면 환경이나 경제적 문제에 있어서 우리가 아끼고 절제하지 않으면 우리는 결코 행복한 미래를 보장받을 수 없다. 지금부터 나 먼저 아끼고 절약하는 생활을 해나가야 하겠다. 빈 깡통을 주워서 어려운 학생들에게 장학금을 주던 어느 할머니의 숭고한 삶처럼, 쌀을 아껴 어려운 할머니를 돕던 어느 어머니의 아름다운 삶처럼, 나의 절제된 삶을 통해 다른 이를 행복하게 해줄 수 있는 멋진 삶을 살았으면 좋겠다.

생명이 주는 축복

봄이 되면 저 마다 한마디씩 말을 던집니다.

"죽은 나뭇가지에서 새싹이 났어!"

"죽은 들판이 푸르게 살아났네."

하지만 그 나무나 들판은 죽은 적이 없었습니다. 다만 죽은 것처럼 보였을 뿐입니다.

이 세상에는 죽은 것처럼 보이는 것이 많습니다. 나이가 들면서 다 죽은 줄 알았던 아름다운 감성이나 낭만, 소싯적에나 있었을 법한 이성에 대한 설렘과 두근거림, 그리고 먼 이국에 대한 동경까지, 어느 날 내 가슴의 문을 열고 봄날 개구리처럼 툭- 튀어나와 우리를 당황하게 합니다.

아직 죽지 않았다는 것은 우리에게 희망이 됩니다.

특히 그것이 우리의 삶을 풍요롭게 하는 아름다운 요소들이라면 더욱 그렇습니다.

사실 우리가 봄을 기다리는 이유 중의 하나가 바로 그런 것 때문일 겁니다.

세상의 꽃과 나무들이 죽지 않았다는 것을 알기 때문에 우리는 새봄에 그들이 피워낼 아름다운 꽃을 기다립니다. 그 기다림은 참으로 아름답고 고귀하며, 우리로 하여금 가슴 설레는 꿈을 꾸게 합니다.

봄비가 많이도 내리던 날, 화단 한편에 버리듯 던져진 꽃나무에 파란 싹이 돋아났습니다. 죽은 것 같이 보여 어리석은 주인의 손에 의해 버려졌지만, 끈질긴 생명력으로 살아남았습니다. 생명에 대해 성급한 판단을 내린 주인의 미안함과 포기하지 않고 생명을 지켜낸 꽃나무의 대견함 때문에, 이제 그 꽃나무는 다시는 버려지지 않을 것입니다.

우리는 누군가에 의해 자신의 꿈이 죽임 당함을 경험합니다. 본인의 의사와는 상관없이 희망을 빼앗기고, 다른 이의 섣부른 판단에 의해 자아가 무너질 때가 있습니다. 그럴지라도 우리는 희망을 잃어서는 안 됩니다. 결국, 내 안에 있는 생명을 가진 희망의 씨앗들이 우리를 다시 일어서게 하기 때문입니다.

2000년 전에 모든 이의 희망이었던 한 젊은이가 무력하게 십자가에서 죽었던 일이 있었습니다. 그리고 그 일로 인해 모든 사람의 희망도 함께 무너져 내렸습니다. 왜냐하면, 그는 죽은 것처럼 보인 것도 아니고, 진짜로 완전히 죽었기 때문입니다.

하지만 무덤에 있던 그는 사흘째 되던 날 다시 살아났습니다. 그 사실을 믿지 못하는 사람들에게 직접 나타나서 자신의 살아있음을 보여주었습니다. 이로 인해 무너졌던 사람들의 희망도 다시 살아났습니다. 그리고 그는 오늘날까지 많은 사람에게 용기와 희망을 주고, 그들의 생명의 씨앗이 되어 영원한 소망을 갖게 하고 있습니다.

생명은 아름답습니다. 살아있다는 것은 경이로운 축복입니다. 살아계신 예수그리스도의 생명의 씨앗이 우리의 심령 속에서도 아름다운 싹으로 자라나길 소망해 봅니다.

이 눈부시도록 아름다운 봄날에…….

한사람이 세상을 변화시킨다!

살다 보니 어느새 결혼 30주년이 되었다. 게다가 목회 근속 25주년을 맞아 근속장까지 받으니 분위기가 한층 고조되어 기념으로 중부유럽 여행을 작정하였다. 마침 동기생이 함께 가겠다고 하여 4월의 어느 봄날 가슴 부푼 여행을 떠나게 되었다.

중부유럽의 날씨는 꽤 쾌적하였다. 창밖에는 끝없이 펼쳐진 대지 위로 유채꽃이 노랗게 피어있었고, 때때로 끝이 보이지 않는 민들레 노란 꽃밭이 펼쳐져 있었다. 길가에는 희고 붉은 마로니에 꽃들이 만발하였고, 이름을 알 수 없는 이국의 꽃들이 이방인을 반기고 있었다. 때때로 만나는 강물은 거센 물결도 없이 잔잔하게 흐르고, 4월의 태양은 기분 좋게 머리 위로 내리쬐었다.

우리가 여행할 때 동유럽이라고 부르는 곳들은 사실 중부 유럽이지만, 동서 냉전의 역사로 인해 동유럽이라고 불렀다. 중부유럽은 참 아름다운 자연과 많은 자원을 가지고 있지만, 역사적으로는 참으로 아픈 역사가 많다. 특히 폴란드의 아우슈비츠에 갔을 때에는 가슴이 미어짐을 느꼈다. 우리가 도착했을 때에는 하늘에 검은 구름이 낮게 깔리고 비가 부슬부슬 내려서 을씨년스러운 분위기를 자아냈다. 오래된 철조망 아래에는 여전히 민들레가 곱게 피고, 하얀 데이지 꽃 만발하였는데, 가스실 벽에 할퀴듯 패여 있는 손톱자국을 보며 고통스럽게 죽어간 수많은 유태인들을 생각했다. 얼마나 고통스럽고 얼마나 절망에 몸부림쳤을까? 인간이라는 존재만큼 동족을 무참히 살해하는 존재가 또 있을까?

히틀러라는 한 사람의 잘못된 생각으로 전 세계의 사람들이 고통을 받고, 셀 수 없이 많은 유태인과 동구권 사람들이 죽임을 당했다. 또 전쟁을 통하여 얼마나 많은 연합국 군인들과 독일 청년들이 죽어갔을까? 히틀러라는 한 사람이 조금만 바르게 성장했더라면, 그가 조금만 바른 생각을 할 수 있었다면, 세상은 어떻게 변했을까 생각해 본다. 그리고 한 사람의 생각과 사상이 전 세계를 아름답게도 하고, 절망과 고통에 빠트리기도 한다는 생각을 하니, 한 사람 한 사람의 삶이 얼마나 소중한지 새삼 느껴진다.

이에 비해 한 시대를 꼭 60년 앞서 살아온 한 소년의 이야기는 우리의 가슴에 감동을 준다. 영국의 한 가난한 소년은 부친의 사업실패로 극심한 가난을 겪어야 했다. 그는 어린 시절부터 돈을 많이 벌어 가족들을 편히 부양하거나 위대한 정치가가 되겠다는 꿈을 가졌었다. 하지만 결국 그 소년은 인생의 목적을 '하나님께 영광을 돌리는 삶'으로 정했다. 그는 전당포에서 사환으로 일하며 그의 꿈을 키워갔고 결국 감리교 목사가 되었다. 후에 그는 편안한 교구목사의 직책이 자신이 가야 할 길을 막는다고 생각하고 그 자리를 사직했다. 그리고 그는 거리의 부랑자들과 알코올 중독자들에게 하나님의 사랑을 전했다. 당시 최 암흑 속에 있던 영국은 그로 말미암아 사회개혁의 출로를 찾았고, 사회는 변화되기 시작하였다. 1, 2차 세계대전으로 피폐해 있던 전 세계에 구호의 손길을 펼침으로 고통 속에 있는 사람들에게 희망을 주었고, 아울러 오늘날에는 126개국에서 그의 정신을 이어받아 선교사업과 더불어 사회사업을 실시함으로 절망 속에 있는 사람들에게 새로운 빛과 희망을 주고 있다. 바로 구세군의 창립자인 윌리엄 부스와 그의 아내 캐서린 부스의 이야기이다.

오늘을 내가 어떻게 사는가가 내일의 또 다른 사람들의 삶에 영향을 줄 수 있음을 알아야 한다. 더불어 사는 세상에서 한 사람의 결정이 자신의 인생을 바꿀 수 있고, 오늘 자신의 판단과 결심이 후에 온 세상을 아름답게 변화시키는 역사적 순간이 될지도 모른다. 그러니 오늘 하루하루를 성실하고 열심히 살 일이다. 그리고 세상을 향해 크고 아름다운 꿈을 가슴에 품어 보자.

커피향기 속에서

가을바람이 불어올 때는 그리운 사람이 생각나거나 혹은 향기 짙은 커피 한잔이 생각날지 모른다. 이 두 가지를 동시에 만족시킬 만한 곳을 찾아야 한다면 나는 구세군 마포 푸드마켓 2호점을 추천한다.

이곳에서 바리스타로 일하는 김진혁 군은 어린 시절 교통사고로 인해 지적능력을 잃었고, 걸음걸이마저 부자연스럽다. 하지만 그는 늘 행복한 얼굴로 커피를 내리며 자기 일을 재미있어한다. 자신의 장애를 부끄러워하지 않고 늘 환한 웃음을 웃는 그는 참 친절한 사람이다. 그래서 그를 보는 사람 자신도 티 없이 맑아지는 느낌이 든다. 그는 커피를 내릴 때는 한없이 진지하지만, 이야기할 때는 듣는 사람을 행복하게 하는 재주가 있다. 지난번 자신의 아버지 회갑 때에는 두툼한 금일봉을 드렸다며, 흰 이를 드러내고 웃는 그의 얼굴은 어린아이의 얼굴같이 해맑았다.

카페에 앉아 진혁이 핸드드립으로 만들어 주는 커피의 향기를 맡는다. 그의 이미지처럼 꾸밈없이 맑고 깔끔한 맛과 향을 가지고 있다. 다리는 불편하지만, 그의 손놀림은 아주 정교하고도 진지하다. 물을 붓다가 때로는 잠시 손을 멈추고, 가장 맛있는 커피가 추출되기를 기다린다. 한 방울 한 방울 떨어지는 커피의 진한 향이 금세 카페에 가득하다.

진혁은 교회 악대에서 유포늄을 부는 일을 맡았다. 처음에는 많은 어려움이 있었지만, 지금은 수준급의 연주 실력을 자랑한다. 지난 번 여름에는 많은 사람 앞에서 연주한 덕에 나름대로 많은 팬을 확보했다. 이 일 이후에 그는 자신이 하는 일들에 대해 더 큰 자부심과 자신감을 얻었다.

이 세상을 살아가는 사람들은 자신이 모를 뿐 다 나름대로의 장애가 있다. 겉모양은 멀쩡해 보여도 이 세상을 조화롭게 살아가지 못하면 그 또한 장애인 것이다. 행복할 조건이 있으면서 행복하지 않은 것, 감사할 조건이 있으나 감사할 줄 모르는 것도 가슴 아픈 일이다. 무엇보다 사랑할 수 있지만 사랑하지 못하는 것, 용서할 수 있지만 용서하지 못하는 것은 치명적 장애이다. 하지만 정신적으로나 육체적으로 보이는 장애를 가지고 있어도 그 마음이 맑고 깨끗하면, 그리고 사랑할 줄 아는 심성을 가졌으면 그는 어느 누구보다도 자유로운 사람이다.

진혁은 글 쓰는 것을 즐겨한다. 그가 남긴 수많은 글 중에 이러한 내용이 눈길을 끈다.

나의 지체는 점점 아파가고
나의 마음은 창조자를 찾고 있습니다.
나의 마음은 아픈 지체와 낮아지는 지능 때문에
아프기도 하고 포기하고 싶을 때도 있습니다.
성령님!
나의 삶을 포기하지 마시고 나의 마음을 긍휼히 여겨주세요.
나의 마음에 창조자의 손길이 함께 해 주시기를 원합니다.
나의 마음은 겉으로 강한 척 하지만
나의 진짜 마음은 너무나 작고 연약한 존재입니다.

'창조자의 손길이 함께 하소서'라는 글의 일부이다. 자신의 연약함과 부족함을 알고 하나님의 도움을 바라는 간절함이 묻어 나온다.

내가 찾는 하나님은 이미 내 옆에 함께 계십니다.
내가 찾는 하나님은 내 마음을 만져주십니다.
내가 찾는 하나님은 내 마음과 하나님의 관계를 회복케 하십니다.
내가 찾는 하나님은 나의 부족함과 연약함을 아시고 나의 아픈 곳을 만져주십니다.

'내가 찾는 하나님은'이라는 글에서 그는 이미 하나님께서 자신의 모든 것을 아시고 함께 하시며, 자신의 아픔을 어루만지고 계심을 고백하고 있다. 그는 항상 글을 끝맺으며 "그 날을 기다리며.......샬롬"이라는 말을 빼놓지 않는다. 그에게 있어서 하나님의 은총은 고통 중에 위로받게 하시는 현재 진행형이며, 언젠가 마음과 육체를 온전케 해주실 줄 믿고 소망하는 미래형이다.

기분 좋은 가을 햇살 아래 낮은 유포늄 소리를 듣는다. 시원한 바람을 타고 흐르는 그 멜로디가 진혁의 티 없는 미소만큼이나 포근하게 가슴에 스며든다.

쪽방촌 사람들 이야기

거대한 빌딩 숲 뒤에는 무엇이 있을까? 대부분의 도심에는 골목골목마다 상점이 즐비하고 바쁘게 살아가는 사람들의 분주한 움직임을 보게 될 것이다. 하지만 어느 곳엔가는 우리가 상상하지도 못했을 어려운 이들의 삶의 터전이 오래전부터 자리잡고 있었음을 알아야 한다.

비가 추적추적 내리는 날 종로3가 커다란 건물들에 가려진 돈의동 쪽방촌을 찾아가 보았다. 구세군의 창립자인 윌리엄 부스가 그토록 관심을 가졌던 것도 집 없는 서러운 사람들이었다. 그는 마지막 임종의 순간에도 그의 아들 브람웰 부스(제2대 대장)에게 남긴 말이 '그들(노숙자)을 기억하라!'는 것이었다. 그만큼 그들은 우리의 관심과 도움을 필요로 하는 사람들인 것이다. 쪽방이라도 몸을 뉘일 곳이 있으니 그들은 노숙자는 아니다. 하지만 그마저도 내 집이 아닌, 하루씩 방값을 내거나 월세를 내고 산다. 그렇게 살다가 돈이 떨어지면 노숙자가 되는 것이다. 여름이 되면 방값을 아끼기 위해 자청하여 노숙을 택

하는 사람들도 있다고 한다.

돈의동 쪽방촌에만 현재 640명이 살고 있다. 대부분 남성들만의 단독세대를 이루고 있으며, 간혹 여성 단독세대나 부부가 기거하기도 한다. 이들은 방마다 약간의 차이는 있지만 반 평밖에 안 되는 작은 공간에서 기거를 한다. 사람이 생활할 수 있는 공간이라기보다는 잠을 자기 위해 간신히 한 사람 정도 누울 수 있는 공간인 것이다. 한 노인이 기거하고 있는 방을 찾아가 그 좁고 어두운 방 안을 들여다보고 할 말을 잊었다. 창문 하나 없는 작은 쪽방에서 전깃불도 켜지 않은 채 웅크리고 있는 노인의 모습 속에서 이 시대의 부유함에서 외면당한 우리네 이웃의 실상이 적나라하게 드러나 보였다.

이곳에 사는 사람들의 사연은 너무도 다양해서 이루 말로 다 표현할 수 없다. 대부분이 아픈 사연을 가지고 가족과 고향을 떠나온 사람들이기 때문에 자신들의 이야기를 하고 싶어 하지도 않는다. 때로는 어찌어찌 가족들이 찾아오는 경우도 있다지만 자신의 모습을 부끄럽게 생각하여 만나지 않고 피해버린다. 그러니 명절이 되어도 고향에 가지 못하는 것은 당연한 일이다. 그래서 구세군에서 운영하는 돈의동 사랑방에서는 그들을 위한 합동 차례상을 베풀어준다고 한다.

이들이 살아가는 방식은 정부의 생활보조금을 받거나 그도 안 되는 사람들은 일용직 노동을 하거나 시간제 일자리를 얻어 그럭저럭 살아간다. 하지만 그런 일자리도 넉넉한 것은 아니다. 그래서 그들은 늘 물질적 어려움에 직면하게 된다. 생활보호대상자로 지정받는 것이 그들이 몹시 소망하는 것이다. 하지만 장성한 자녀들이 있는 사람들에게는 그도 쉬운 일이 아니다. 그들이 생활보호대상자가 되기 위해서는 자녀들과 법적으로 인연을 끊어야 하는데, 자녀들에게 누가 될까 봐 그리할 수도 없는 일이라서 결국 포기하고 만다고 한다.

이곳에서 열심히 돈을 벌어 자립하여 쪽방촌을 떠나는 사람들도 있다. LH 공사에서 주관하는 임대주택을 100만 원의 보증금에 약간의 관리비만 내고 살 수 있는 방법이 있다는 것이다. 하지만 그런 사람은 극소수에 불과하다. 대부분의 사람은 의지가 약하거나 나태한 생활에서 벗어나지를 못한다. 그래서 결국 몸과 마음이 쇠약해져서 자립의 의지를 갖지 못하고 알코올에 의존하여 사는 사람들이 점점 늘어나고 있다. 더구나 나이가 들면 더더욱 자립할 수 있는 길은 멀어지는 것이다.

이러한 악순환의 고리를 끊고 그들이 자립할 수 있는 길을 열어주기 위해서는 그들을 위한 의식개혁 프로그램이 필요하다는 것이 전문가들의 생각이다. 또한, 이들이 안정적으로 일할 수 있는 공동작업장이 필요하다. 하지만 이러한 사업은 재정적인 지원이 필요한 것이기에 정부가 적극적으로 나서지 않으면 해결하기 어려운 것들이다. 또 하나 필요한 것은 '희망원룸'의 확대이다. 이미 구세군에서 운영하고 있는 희망원룸의 확대를 통해 쪽방촌 사람들이 좀 더 쾌적한 환경에서 자립을 꿈꿀 수 있도록 도와야 할 것이다.

현재 쪽방촌 사람들을 지원하기 위한 시설이 전국에 10개가 있으며, 그중에 5개가 서울에 있다. 하지만 적은 정부지원금을 가지고 그들을 돕는 것은 많은 어려움이 뒤따른다. 정부뿐만 아니라 각 기업가나 독지가의 후원이 절실한 것도 이런 이유에서이다.

현재 4년째 '구세군 돈의동 사랑의 쉼터'에서 쪽방촌 사람들을 위해 헌신하고 있는 이화순 사관은 해마다 40여 명의 사람들이 쪽방촌에서 외롭게 죽어가고 있는 현실이 가슴 아프다고 말한다. 그는 지금의 사역이 험하고 거친 사역이지만 그렇게라도 해서 그들의 친구가 되어 아픔을 함께 나누기를 원한다. 그리고 쪽방촌 사람들에게 진정한 소망과 위로를 줄 수 있는 분이 주님이심을 알기에 그들에게 그리스도를 소개하고 사랑의 기도를 함께 드리기를 소망한다.

쪽방촌을 떠날 때도 여전히 하늘은 어둡고 가랑비가 부슬부슬 내렸다. 하지만 곧 이 비가 그치면 쪽방촌 골목에도 빌딩숲을 간신히 비집고 들어온 아주 작은 햇살이 꿈결같이 비칠 것이다. 그러면 쪽방촌 사람들의 마음속에도 새로운 희망의 태양이 시나브로 떠올랐으면 좋겠다.

건강한 여가생활을 위하여

여가생활이란 일을 하다가 잠시 짬을 내어 쉬는 생활을 말하거나 휴일을 맞아 여러 활동을 통해 심신의 안정과 일의 피로를 씻는 생활을 말한다. 즉 자신에게 주어진 자유로운 시간에 스스로의 만족을 위해 활동하는 시간이다. 그래서 여가생활에는 의무감이나 속박감이 있어서는 안 된다.

고대로부터 사람들은 여가생활을 위해 많은 일을 해왔다. 하지만 그 여가 생활 중에는 덕스럽지 못하거나 오히려 자신의 삶에 피해를 주는 부정적인 여가 생활도 포함되어 있었다. 그러므로 여가생활을 즐기는 것도 중요하지만 건전한 여가 생활이 무엇인지를 아는 것이 선행되어야 한다.

요즘 마을 노인정에 가보면 대부분의 노인이 여가 생활로 화투를 즐기거나 윷놀이를 즐긴다. 노인들이 가볍게 즐기기에 그만한 것도 없다. 하지만 그 환경을 보면 그리 권장할 만한 일이 못 된다. 담배연기 가득한 공간에서 온종일 앉아서 소일하시는 어르신들을 보면 건강이 염려되지 않을 수 없다.

과거 우리나라 사람들은 여가 생활로 민속놀이를 즐겨했다. 절기나 계절에 따라서 윷놀이, 제기차기, 투호, 널뛰기, 줄다리기, 씨름 등이 있었고, 상시로 바둑이나 장기를 두며 시간을 보냈다. 아이들은 이외에도 공기놀이, 쥐불놀이, 구슬치기, 자치기, 땅따먹기, 고무줄놀이, 고누, 술래잡기 등의 놀이를 하면서 놀았다.

그러나 시대가 변하면서 다른 사람들과 어울려 지내던 여가 시간이 점차 혼자서 노는 시간으로 바뀌어 갔다. 요즘은 성인들의 대부분이 컴퓨터 게임을 하거나 TV를 보면서 자기만의 시간을 보내는 경우가 많다고 한다. 이것은 청소년들의 경우에도 마찬가지이다. 예전엔 마을 놀이터나 학교운동장에는 많은 아이나 청소년들이 나와서 놀았지만, 요즘은 PC방이나 커피숍, 영화관 같은 곳을 많이 찾는다.

건강한 여가생활을 하려면 여가생활이 주는 유익을 먼저 생각해 보아야 한다. 여가 생활은 자신의 삶을 윤택하게 해주고, 일상의 의무적인 생활에서 벗어나 재충전의 시간을 갖는 데 유익한 목적이 있다. 그러면 이러한 유익을 충족시켜줄 수 있는 여가 생활은 무엇일까?

최근 각 시도에서는 노인들과 주부들을 위한 건강 여가 프로그램을 많이 시행하고 있다. 그러한 프로그램에 참여하는 것도 좋은 방법일 것이다. 폐쇄된 공간에서 웅크리고 있기보다는 좀 더 많은 사람과 어울리면서 즐거움을 찾아보는 것도 좋을 것이다. 게이트볼, 배드민턴, 탁구 등의 운동도 좋을 것이고, 노래교실, 웃음강좌, 댄스 동아리 참석도 좋을 것이다. 가정에서는 화분을 가꾸거나 텃밭을 일구고, 다도(茶道)나 독서, 글쓰기에 취미를 가지는 것도 생각해볼 만하다. 청소년들이나 남성 장년층도 자기에게 맞는 운동을 하거나 등산, 사진, 분재, 여행, 영화, 음악 감상, 악기 연주 등에 여가 시간을 쓰는 것도 유익하리라 생각된다. 하지만 가장 중요한 것은 자신이 즐거울 수 있어야 하고, 어렵지 않고 쉽게 접근할 수 있는 것이라야 지속성이 있다. 아무리 좋아 보여도 경제적인 부담이 크거나 자신에게 맞지 않는 것은 피해야 한다.

여가생활을 즐긴다는 것이 결코 신세 편한 사람들에게만 해당되는 것은 아니다. 사람은 어떠한 형편과 처지에 있든지 자기 나름의 여가가 있어야 한다. 이것은 단지 삶의 배부른 여유를 즐기고자 하는 것이 아니라 적어도 자신의 삶을 더 소중히 여기고 사랑하자는 의미이다. 그동안 우리는 얼마나 바쁘고 정신없이 살아왔는가? 나를 위한 삶이 아니라 타인을 위해 자신의 삶을 혹사시키며 살아오지는 않았는가?

이제는 잠시 숨을 고르고 동백꽃 꽃망울 터지는 것도 바라보면서 3월의 햇살을 느껴보는 여유도 가져보자. 나의 여유가 결코 호사스럽지 않은, 내가 누려야 할 최소한의 자유임을 가슴

깊이 받아들이자. 그리고 내일을 위해 새로운 희망의 꽃씨를 그 여유로운 가슴속에 심어 보자.

복음은 민들레 홀씨처럼

세상에 불만이 많은 한 소년이 있었다. 그는 어느 날 세상에 반항이라도 하는 듯 우산도 없이 비 오는 거리를 방황하고 있었다. 그러다 그가 발견한 것은 비에 젖은, 누군가가 버린 전도지 한 장이었다. 무심코 그 전도지를 주어든 소년은 그곳에 적힌 글들을 읽어 내려갔다. 그리고 마음에 큰 도전과 감명을 받았다. 소년은 그때까지 자신의 모든 고난은 외부적 요인 때문이고, 자신이 행복하지 않은 것은 잘못된 세상 탓이라고 생각했었다.

소년은 그 날로 덮었던 성경을 다시 읽고 교회에 나가기 시작했다. 전에도 교회를 잠시 다녔었지만 별 변화를 경험하지 못했었다. 하지만 비 오는 날 주워 읽었던 전도지로 인해 소년은 모든 것을 새롭게 보았고, 비로소 성경 말씀이 생명력 있게 다가왔다. 결국 그 소년은 이 글을 쓰는 구세군 사관이 되었다.

인도에 구세군을 전한 프레드릭 턱커는 인도에서 재판관으로 근무하던 고급 관리였다. 그는 어느 날 구세공보를 읽고 구세군이 하는 일에 감명을 받게 되었다. 그가 자신의 좋은 직장을 버리고 구세군 사관이 되겠다고 했을 때, 부스 대장은 고급관리였던 그가 결코 험한 구세군 사관의 사역을 감당할 수 없을 것으로 생각했었다. 하지만 그는 결국 구세군 사관이 되었고, 인도에 구세군의 깃발이 휘날리게 했다.

사람들은 우연한 기회에 자신의 일생을 좌우할 만한 경험을 할 때가 있다. 앞에서 말한 소년이 우연히 주어든 전도지 한 장이나, 프레드릭 턱커가 읽은 구세공보는 두 사람에게 지대한 영향을 주었을 뿐 아니라 그들의 인생을 바꾸어 놓는 데 큰 역할을 했다. 물론 두 사람의 삶을 바꾼 것은 주님의 말씀이다. 하지만 전도지나 구세공보는 그 안내자의 역할을 충실히 감당한 것이다.

아마 우리가 문서전도의 효과 없음을 늘 들어오면서도 그 일을 중단할 수 없는 것은 어떤 매체로든 뿌려진 복음의 씨앗은 반드시 뿌리를 내릴 날이 올 것이라는 믿음 때문이다. 또한, 수많은 전도지가 휴지통으로 들어가고, 여러 복음 전도적 문서들이 효과적으로 읽히지 않는다 해도, 어디선가 한 영혼이라도 그곳에 적힌 한 줄의 말씀으로 위로받고 새 생명을 얻는다면, 우리는 그 일을 계속 해야 할 정당한 이유를 얻게 되는 것이다.

언젠가 홀씨 하나 날아와 집 앞 콘크리트 바닥 틈에 자리를 잡았던 민들레가 꽃을 피우더니 어느새 씨앗을 품었다. 그 씨앗 또한 바람 따라 날다가 어딘가에 자리 잡을 것이다. 생명이 있는 것은 이렇듯 신비롭다. 복음은 생명이 있고 운동력이 있다. 우리가 전하는 복음의 씨앗들이 이 민들레 홀씨처럼 어딘가에 자리를 잡고 또 다른 꽃을 피웠으면 좋겠다. 이왕이면 저 북녘땅의 내 동포들의 가슴에도 그 파란 싹이 돋아나면 더욱 좋겠다.

아름다운 명함

지난 9월 새로운 직책을 받으면서 명함을 새로 만들었다. 아직도 지난번 만든 명함이 많이 남아있지만, 직책이 바뀌었으니 아까와도 어쩔 수가 없었다. 사실 명함을 만들어도 쓰일 곳이 많지는 않다. 어쩌다 인사치레로 몇 장씩 건네는 것이 전부였다. 하지만 그마저도 없으면 처음 인사하는 자리에서 어색하기에 애써 다시 만드는 것이다. 이곳에 부임한 지 일주일이 지났지만 아직도 어색하기만 한데, 명함을 바꾸자 비로소 새로운 직책을 맡은 것이 실감이 난다. 하지만 왠지 아직은 낯선 그 명함을 한참이나 만지작거렸다.

명함은 그 사람을 보여주는 좋은 수단이다. 하지만 그 사람의 직함이나 스펙은 보여주지만, 그 사람의 인품이나 사상은 보여주지 못한다. 그럼에도 사람들은 자기를 돋보이기 위해서 온갖 직함을 다 갖다 붙인다. 어떤 때는 그것이 너무 심해서 눈살을 찌푸리게 한다. 명함을 받고 나면 이 사람의 정체가 무엇인지 혼란스러울 때가 있다. 그래서 나는 꼴불견이 안 되려고 최소한의 내용으로 명함을 만들었지만, 이 명함이 몇 장이나 쓰일는지는 의문이었다.

오늘 강연을 위해 구세군 사관학교에 갔다가 모교인 나사렛대학교 총장님을 만났다. 으레 것 그렇듯이 명함이 오고 간 후 이야기를 나누었다. 그런데 내가 받은 명함은 독특했다. 명함 전체에 점자가 새겨져 있는 것이었다. 그 대학이 사회복지 분야에서 두각을 나타내는 학교이며, 특히 장애인 재활복지 특성화대학으로서 선두적 역할을 감당하는 학교이지만 시각장애인을 생각하는 그 배려에 감동되었다. 그 학교에서 총장의 명함을 받을만한 시각장애를 가진 학생이 얼마나 될 것이며, 그가 사회에서 명함을 건네줄 시각 장애인은 또 얼마나 될 것인가? 그 몇 사람을 위해 점자 명함을 만든 사람은 참으로 외면당하기 쉬운 소수자에 대한 배려심이 큰 사람이다. 하얀 바탕에 점자가 새겨진 소박하고 단출한 명함이 받아든 사람의 마음까지 포근하게 한다. 아마 그 명함의 주인도 그런 삶을 사는 사람일 게다.

가끔 뉴스에서 사회적 소수자에 대한 배려가 없음을 지적하는 이야기들을 듣는다. 길가의 턱이 너무 높아서 휠체어를 탄 사람들이 넘어가지 못한다거나 대부분의 오른손잡이를 위한 도구들은 소수자에 대한 배려 없이 만들어진 것들이다. 약자를 보호해야 할 책임이 있는 교회에서도 불편한 사람들을 위한 배려가 부족한 것을 많이 보게 된다. 대부분의 식당은 지하에 있으며, 예배실은 2층이나 3층에 있다. 요즘 짓는 일정규모 이상의 교회들은 승강기를 설치하는 것이 의무사항으로 되어 있지만, 오래된 예배당 건물들의 사정은 좋지 못하다.

건물을 개조하거나 시설을 확충하는 것이 어려운 건물들도 있다. 먼저 일하던 교회도 오래된 건물이라서 승강기가 없었다. 고민 끝에 건장한 사람을 고정 배치하여 휠체어를 들어 올리고, 뒤의 긴 의자를 빼내어 휠체어 석을 만든 적이 있다. 작은 것 하나에서부터 몸이 불편한 사람이나, 노약자들을 위해 마음을 기울인다면 그들을 조금이라도 편하게 해줄 수 있는 방법들이 생각날 것이다.

강의를 마치고 돌아오는 길에 조금 전에 받은 명함을 주머니 속에서 만지작거렸다. 손끝에 오돌토돌한 촉감이 전해져 온다. 아무리 만져보아도 그 점자의 내용이 무엇인지 알 수가 없다. 하지만 그 명함주인의 따뜻한 마음의 온기는 이미 내 가슴 깊은 곳까지 전해져 밝은 햇살만큼이나 나를 행복하게 하고 있었다.

삶을 최적화하라

맨 처음 출근하면 컴퓨터를 켜는 것으로 하루일과를 시작한다. 그리고 컴퓨터가 부팅되는 시간을 이용하여 잠시 손을 모으고 하루 일과를 위해 기도드린다. 컴퓨터가 켜지면 가장 먼저 백신 프로그램을 돌려서 최적화 작업을 한다. 컴퓨터가 노후하여 이 작업을 하지 않으면 컴퓨터 속도가 늦어져 일할 수가 없다.

첫 번째 작업이 파일들을 정리하고 불필요한 파일은 지우는 작업이다. 업무가 주로 컴퓨터로 하는 일이다 보니, 하루만 일해도 여러 가지 파일이 컴퓨터의 바탕화면에 깔린다. 매일매일 정리해 주지 않으면 어느새 내 눈과 마음이 혼란스러워 일에 많은 지장을 받는다. 그래서 어제 받아놓았던 파일들을 정리하는데, 보관해야 할 파일들은 정해진 폴더에 집어넣고, 필요 없는 파일들은 지워버린다. 계속 작업을 해야 할 파일들은 눈에 잘 띄는 바탕화면에 폴더를 만들어 넣어 놓는다. 어느새 바탕

화면이 깔끔하게 정리된다.

하지만 이것으로 끝난 것은 아니다. 화면에는 안 보이지만 수천 개의 인터넷 임시 파일들이 내가 모르는 사이에 컴퓨터에 깔려 있음을 알아야 한다. 그리고 필요해서 설치했지만, 이제는 필요 없어진 프로그램마저 정리하면 일단 첫 작업은 성공적이다.

우리의 마음에도 쓸데없는 일들, 불필요한 걱정들로 가득하면 인생에 기쁨이 없다. 삶은 무기력해지고, 의욕이 없어진다. 자기 일들이 정리가 안 되고 왜 사는지 삶의 의미도 느끼지 못한다. 그저 골치 아픈 모든 것을 뒤로하고 어디론가 떠나고 싶어질 뿐이다. 그럴 때 우리는 내 삶의 파일들을 정리하고, 불필요한 파일들을 지워버려야 한다.

다음은 꼭 필요치 않은 시작 프로그램을 지운다. 우리의 삶에도 우선순위가 있어야 하듯이 컴퓨터에도 먼저 시작해야 될 프로그램이 있다. 하지만 시작프로그램이 너무 많으면 컴퓨터의 부팅이 늦어지거나 컴퓨터의 속도가 저하되는 경우가 있다. 꼭 필요한 프로그램이 아니라면 시작프로그램 메뉴에서 빼버릴 필요가 있다. 이 작업만 해도 컴퓨터의 움직임이 한결 가벼워진다.

우리도 때로는 쓸데없는 일로 마음이 분주할 때가 많다. 급하지도 않은 일을 미리 당겨서 염려하기도 한다. 지금 내게 있어서 가장 중요하고 급한 일이 무엇인지 살펴보고, 덜 급한 일들은 잠시 뒤로 미루어 두는 지혜와 여유도 있어야 하겠다.

하지만 컴퓨터를 다루면서 항상 조심하며 경계를 늦추지 말아야 할 것이 있는데, 바로 바이러스나 악성 툴바들을 지우는 일이다. 이러한 나쁜 프로그램들은 아무리 조심하려고 해도 어느 틈에 내 컴퓨터를 잠식해 들어온다. 그래서 가장 확실한 방법은 컴퓨터의 방화벽의 강도를 높이고 최신 백신 프로그램을 항시 운용하는 것이다. 그러면 웬만한 바이러스나 악성 툴바들이 접근하지 못한다. 그러나 그것만으로 안심할 수는 없다. 시간이 나는 대로 최신 백신 프로그램으로 늘 내 컴퓨터를 점검해 보아야 한다. 그래야 건강한 컴퓨터의 상태를 유지할 수 있고, 소중한 파일들을 보호할 수 있다.

아마 악한 것들이 우리의 마음에 침투하는 것도 이와 같을 것이다. 우리가 아무리 조심하려 해도 어느 틈에 악한 세력은 내 마음 깊은 곳에 자리 잡고서 우리를 자신의 뜻대로 움직여 가는 것을 알게 된다. 그때 성령께서 바이러스 백신처럼 우리 마음에 경고의 신호를 울려주시지 않는다면 우리는 자신도 모르게 악한 세력의 종노릇을 하게 될 것이다. 백신 프로그램에서 '바이러스가 발견되었습니다.'라는 경고를 받고도 내버려두는 어리석은 사람은 없을 것이다. 우리도 성령께서 우리 마음에 주시는 경고를 흘려들으면 안 될 것이다. 그리고 조금이라도 마음이 흔들릴 때면, 우리는 즉시 성령께서 주시는 권능으로 악한 세력의 유혹을 물리쳐야 한다. 무엇보다 중요한 것은 늘 말씀을 마음에 새기고, 믿음의 방화벽을 굳게 치고, 하나님의 전신갑주를 입어야 한다. 그럴 때 우리는 어떠한 악한 세력의 공격에도 무너지지 않고, 하나님께 영광을 돌리는 삶으로 살아갈 것이다.

내가 마지막으로 하는 작업은 레지스트리를 최적화하는 것이다. 레지스트리는 내가 작업한 파일들에 대한 모든 기억을 가지고 있다. 내 파일이 어디에 있는지, 어떤 작업을 했는지를 기억한다. 하지만 그 파일들을 지웠음에도 불구하고 레지스트리는 여전히 그 기억들을 간직한다. 그리고 그러한 불확실하면서도 쓸데없는 기억들이 쌓이면 컴퓨터는 느려지기 마련이다. 요즘 백신 프로그램들은 그러한 잘못된 레지스트리들을 자동으로 찾아서 깨끗하게 지워준다. 이 작업을 하고 나면 내 머릿속이 깨끗해지는 느낌이다.

우리 과거의 기억들 중에도 지금 나와 상관없는 기억들이 있을 것이다. 어떤 것은 상관이 있었더라도 이제는 잊어도 좋을 만한 기억들이 있다. 만약 이러한 과거의 나쁜 기억들로 우리의 마음이 채워진다면 우리의 삶은 언제나 어둡고 침침할 것이다. 이러한 기억들은 우리가 잊어야 하지만 참으로 어려운 작업이다. 잊고 싶은 기억일수록 더욱 생생하게 되살아나서 우리를 괴롭게 만드는 것이 얼마나 많은가? 하지만 애써 잊어야 한다. 좋은 생각, 아름다운 기억들로 머리를 채우고, 더 아름다운 것들을 향해 매진해 나가야 한다.

주님께서 주시는 새로운 소망과 기쁨으로 모든 어두운 과거를 지워버리자. 아침에 뜨는 햇살을 바라보면 지난밤의 악몽을 지워버리자. 돌이킬 수 없는 아픈 기억을 떨쳐버리고 주님의 따스한 손길로 내 삶을 최적화하자.

사람이 사람됨은

TV에서 동물들의 이야기를 보았다. 한 가정에서 개 두 마리를 키우는데, 늘 싸우는 것이었다. 그런데 이상한 것은 주인이 없는 자리에서는 싸우지를 않는 것이다. 개 행동교정 전문가가 그 이유를 설명하는데, 개들이 주인 앞에서 싸우는 것은 주인에게 자신의 서열을 인정받으려고 싸우는 것이라고 했다. 즉 먹이를 줄 때도 강한 녀석에게 먼저 먹이를 주어서 그 서열을 인식시키라는 것이다. 정말 그 말대로 했더니 개들의 싸움이 그치고 평화가 찾아왔다.

동물들의 특징은 서열에 의해서 질서가 유지된다는 것이다. 자신에게 힘이 있으면 약한 자를 누르고 자신에게 복종시킨다. 그리고 약한 자는 그 서열을 인정하고 강한 자에게 자신의 권리를 내어 준다. 그러나 사람은 달라야 한다. 사람은 서열의 힘으로 상대를 굴복시키는 것이 아니라, 오히려 낮은 자를 섬김으로써 강한 자의 미덕을 보여줄 수 있어야 한다.

사람이 여전히 서열을 중요하게 여기고, 더 올라서기 위해서

약한 자를 핍박한다면 그것은 동물과 다를 바가 없다. 사람이 동물과 다른 것은 약육강식의 원리로 사는 것이 아니라, 사랑으로 산다는 것이다. 즉 서로를 돕고 의지하면서 위기를 극복하고 더 나은 삶을 추구하는 것이 참 인간다운 삶이다. 약한 자를 핍박하고 그 위에 군림하려는 것은 참으로 못난 인간의 모습이다.

요즘 학생들 사이에서도 힘없는 학생들을 괴롭히고, 집단으로 따돌림 한다는 이야기를 주변에서 종종 듣는다. 약한 아이를 괴롭히는 그 아이도 언젠가는 더 힘 있는 자에게 괴롭힘을 당할지도 모른다. 그때가 되면 예전에 자신이 괴롭혔던 아이들에게 미안한 마음이 들기는 할까? 이러한 못난 모습은 아이들에게만 있는 것이 아니다. 조금만 자신이 지위가 높아도 험상궂은 모습으로 군림하려고 한다. 일에 익숙하지 못한 직원에 대하여 인격적인 모욕감이 들 정도로 나무라며 야유한다. 돈이 있는 사람은 가난한 사람을 무슨 죄인 취급하듯이 할 때도 있다. 그들은 그런 자신의 행동에 대하여 자랑스럽게 여기기까지 한다.

내가 어렸을 적에 뒷집에 다리를 잘 쓰지 못하는 학생이 있었다. 학교가 집에서 보일 정도로 가까운 곳에 살았지만, 그에게는 참 먼 거리로 느껴졌었다. 그의 어머니가 늘 업어서 학교까지 데려다 주었지만, 항상 그 곁에 붙어있을 수는 없었다. 그런데 언제부터인가 그 학생을 업고 가는 사람이 바뀌어 있었다. 바로 같은 반에 있는 친구였는데, 그는 그때부터 늘 그 불편한 친구를 업고 다녔다. 참으로 아름다운 모습으로 기억에 남는다.

또 하나의 아름다운 기억은 내가 런던에 있는 국제사관 대학에 두 달간 연수받으러 갔을 때의 일이다. 큰 행사가 있어서 준비하느라고 미처 점심을 먹지 못했다. 아니, 시간이 조금 있었지만 낯선 환경에서 우왕좌왕하다가 식사할 타임을 놓쳐버렸다는 것이 옳을 것이다. 그때 국제사관대학 교장이 다가와서 점심을 먹었느냐고 물었고, 나는 못 먹었지만 괜찮다고 대답을 했다. 그러자 그는 잠깐 기다리라고 하더니 어디론가 뛰어갔다. 다시 돌아온 그의 손에는 김밥 몇 줄과 치킨이 들려 있었다. 아직 시간이 5분 남았으니 얼른 먹으라는 것이었다. 그 때 나는 그 김밥을 먹으면서 목이 메어 옴을 느꼈다. 60이 넘은 그 교장님의 사랑과 친절함에 얼마나 감동받았는지 지금도 그때의 일을 잊을 수가 없다. 그래서 나는 지금도 그분을 존경한다.

참다운 권위는 남을 누르고 군림함으로써 얻는 것이 아니다. 오히려 사랑으로 남을 섬기며, 붙들어주고, 위로함으로써 타인에게 인정받는 것이 참된 권위이다. 사람들은 낮은 자리에 있는 사람이 높은 자리에 앉은 사람을 섬기는 것은 당연하고, 높은 위치에 있는 사람이 낮은 위치에 있는 사람을 섬기는 것은 특별한 일이라고 생각한다. 그러나 아름다운 인간관계란 사람의 지위고하를 막론하고 누구나가 서로서로를 섬기는 것이다.

누가 누구를 섬기는 일은 이제 그리 특별한 일이 아니라 이 사회에 당연하고 자연스러운 일이 되어야 한다. 그러나 아직도 힘 있는 사람이 약한 사람을 섬기는 것이 특별하고도 감동적인 이야기로 다가오는 것은, 아직 이 사회가 약육강식의 사회, 서열의 사회를 벗어나지 못하고 있음을 반증하는 것 같아 마음이 착잡하다. 겨울바람이 몹시 차다. 따뜻한 커피 한잔보다 따뜻한 사람이 생각나는 시간이다.

성공할 것인가? 승리할 것인가?

어렸을 적에 뒷동산에 앉아서 친구와 이야기하던 적이 있다. 천안 변두리의 도시도 아니고 시골도 아닌 동네에서 자라난 우리는 이 어려운 동네를 어떻게 해야 벗어날 수 있을까 늘 궁리했었다. 그때 우리가 결론을 내린 것은 밑도 끝도 없이 성공한 사람이 되어야 한다는 것이었다. 하지만 어리기만 한 우리에게 성공이라는 것은 너무도 멀고 까마득한 신기루 같은 것이었다. 그때 그 친구는 양장점을 해서 성공하겠다고 중학교를 마치고 양장점에 들어갔지만 지금 어떤 성공한 삶을 살고 있는지 알 수 없다. 나는 기술자가 된다고 했다가 그것은 너무 더디니 정치가가 되어야겠다고 말한 것으로 기억된다. 그리고 그 첫 도전 목표가 우리 동네 동장이 되는 것이었다. 어린 마음에는 마을 동장이 꽤 큰 어른으로 보였던 탓이리라.

많은 세월이 흘러서 나는 목회자가 되었다. 목회자라고 해서 성공이라는 단어와 담쌓고 사는 것은 아니다. 어떤 때는 그 '성공'이라는 단어가 더 자신을 괴롭힐 때가 있다. 매스컴을 타고 잘 나가는 목회자들을 볼 때에 갑자기 나는 성공하지 못한 목회자가 된 것 같다. 큰 교회를 담임하고 많은 사람의 시선을 받아야 성공한 목회자로 보는 요즘의 세상에서 나는 결코 성공한 목회자는 못 된다.

사람들은 성공과 멀어질 때 자신의 삶에 회의를 느낀다. 모두가 성공을 향해 달려가고, 또 어느 정도 목표에 도달하여 만족한 미소를 보일 때, 그렇지 못한 사람들은 상대적 박탈감을 느끼게 되는 것이다. '나는 그러지 말아야지' 하면서도 자신도 모르게 그들 틈에 끼어서 일희일비(一喜一悲)하는 모습을 보면, 나도 그저 이 세상에 존재하는 한 명의 속물임에 틀림이 없다.

뉴스를 볼 때마다 마음이 씁쓸해진다. 웬만큼 성공한 사람인데도 더 큰 욕심을 가지고 불법을 저지르다가 패가망신하는 모습을 보면서 좀 더 갖는다는 것이 무엇이며, 좀 더 성공하는 것이 무엇인지 성공 근처에도 못 가 본 나로서는 알 도리가 없다. 어쨌든 사람들은 더 큰 성공을 위해 갖은 노력을 다하고 때로는 수단과 방법을 가리지 않고 자신이 정한 목표를 향해 돌진해 나간다. 성공을 향해 달리는 사람들은 마치 무거운 버스가 브레이크가 파열된 채 언덕을 내리달리는 것과 같아서 불안하기 짝이 없다.

작은 교회를 담임하는 목회자들이 제일 듣기 싫은 것은 "몇 명이나 모입니까?"라는 질문이다. 못할 질문이 아닌데도 듣기 싫은 것은 은연중에 자신은 성공하지 못한 목회자라는 패배감이 자리 잡고 있든지, 아니면 그런 질문을 통해 작은 교회의 목회자를 가볍게 보는 속물 같은 사람들의 시선이 불편하기 때문일 것이다. 큰 교회를 담임하고 있으면 어디를 가든지 존경받고 대접을 받는다. 하지만 아무리 훌륭한 목회자라도 담임하는 교회가 작으면 그 교회 크기 만큼밖에 대접해 주지 않는다. 문제는 스스로가 그런 세태를 부끄러워하면서도 마음속으로는 은근히 큰 교회 목회자들의 군림을 부러워한다는 것이다.

얼마 전 모임에서 이야기하는 중에 어느 후배가 목회자로서 어떻게 성공하는 삶을 살 수 있겠느냐고 물어왔다. 그때 나는 주저 없이 '성공'하려고 하지 말고 '승리'하는 사람이 되라고 했다. 나 역시도 한때는 성공하려고 살아왔지만, 이제 목회를 시작하는 후배에게는 꼭 그렇게 말해주고 싶었다. 세상에서 성공하여 진정한 기쁨과 만족을 누리는 사람들은 많지 않다. 1등이 있으면 꼴찌가 있는 것 같이 성공한 사람들 뒤에는 항상 그에 밀리는 사람들이 존재하기 때문에 상대적으로 패배감을 느끼는 사람들이 많은 것이다.

하지만 자신의 삶의 목표를 바로 세우고 그것을 위해서 최선을 다하는 사람은 적어도 그 정도에서 승리를 맛볼 수 있다. 남들과 성공을 비교하지 않고 나 자신과의 싸움에서 승리하고, 자신이 정한 룰(rule) 안에서 승리하는 사람은 자기 나름의 만족감이 있고 성취감이 있다.

특히 목회자나 크리스천은 더더욱 그렇다. 세상적 성공을 위해 다투지 말고 하나님 앞에서 승리하는 사람이 되어야 할 것이다. 이 세상의 불의에서 승리하고, 사탄의 시험에서 승리하는 사람이 진정한 성공자가 아닐까? 크고 작은 교회가 문제가 아니라 하나님께 인정받고 교인들에게 존경받는 목회자가 되는 것이야 말로 목회자에게 있어서 최고의 승리일 것이다. 우선은 자신이 세운 올바른 원칙 안에서 서두르지 말고 하나하나 실천에 옮겨보면 좋겠다. 누구 앞에서도 부끄럽지 않고 자식들 앞에서도 떳떳할 수 있는 그런 삶을 살았으면 좋겠다. 그리고 그 작은 승리 속에서 남들이 알지 못하는 자신만의 희열을 맛볼 일이다.

□ 수필 작품해설

사랑으로 꽃피는 행복한 세상

– 조효정의 수필집 『아픔까지 사랑한 나무』

홍 문 표

(문학박사 ·평론가 · 시인 · 전 오산대학 총장)

세상의 군대들은 전쟁 시 적을 살상해야 하지만 기독교의 구세군은 세상을 어려움에서 구하는 정말 샐베이션 아미(salvation army)라는데 근본적인 차이가 있다. 물론 군대라는 말에는 좀 엄격한 단체라는 어감 때문에 다소 거리감을 주기도 한다. 그런데 연말이면 추운 날에도 거리에서 자선냄비를 걸어두고 은은한 종을 울릴 때면, 근엄한 제복에도 불구하고 하늘에서 내려온 천사의 음성처럼 다정하고 훈훈하게 우리들의 가슴을 울린다. 차가운 겨울, 가난과 추위에 떠는 이웃들을 생각하자는 그 진정어린 호소가 메마른 우리들의 마음을 흔들기 때문이리라.

세상의 모든 종교가 다 영혼구원을 생각하고, 이웃들도 함께 구원받기를 바라며 사랑을 나누고 있지만 특히 구세군의 창설 정신을 보면 독특한 데가 있다. 이번에 상재한 조효정 님의 수필집 중 「한 사람이 세상을 바꾼다」라는 작품엔 이런 내용이 있다.

2차 대전 당시 히틀러가 수백만 유태인을 학살하고 세상을 온통 지옥으로 만들었던 때를 이야기하면서, 그보다 꼭 60년 먼저 태어났던 영국의 감리교 목사인 윌리엄 부스와 그의 아내에 대한 이야기를 하고 있다. 그는 편안한 교구의 목사직을 버리고 거리의 부랑자들과 알코올 중독자들에게 하나님을 전하는 일에 헌신하였다. 이들 부부는 세상에 복음만 전할 것이 아니라 주리고 병든 사회적 약자들에게 빵과 복음을 함께 전한다는 것이다. 이러한 정신이 구세군으로 탄생하여 산업혁명 이후의 암울했던 당시 영국 사회를 변화시켰을 뿐만 아니라, 세계대전으로 피폐해 있던 여러 나라에 구호의 손길을 보냄으로써 절망 속에 있던 사람들에게 소망을 주었다. 그리고 지금은 전 세계 126개국에서 선교사업과 사회사업을 병행하면서 절망 속에 있는 사람들에게 새로운 빛과 희망을 주고 있다는 내용이다.

필자는 평생 기독교 신자로 살았기에 기독교에 대해서는 좀 안다고 생각했는데 구세군이 이처럼 복음전파뿐만 아니라 어두운 사회적 약자를 돕는 일을 신앙의 실천 강령으로 하는 아름다운 교회라는 것을 이제야 확실히 알게 된 것은 부끄럽지만 참으로 다행한 기회가 아닐 수 없다.

이번 조효정 님의 수필집을 만나면서 이렇게 한 작가의 수필집을 읽고 그 소감을 적는 마당에 서두에 구세군이란 기독교의 특정 교단에 대해 언급을 하는 것은 이번 수필집 『아픔까지 사랑한 나무』의 저자가 바로 구세군 사관, 말하자면 구세군 교회의 목회자라는 데서 더 많은 관심과 기대와 호기심이 있기 때문인지도 모르겠다.

조효정 님은 이번 수필집의 제목을 『아픔까지 사랑한 나무』라고 했다. 사랑이야 모든 인간들의 최고 덕목이다. 그러나 세상 사람들의 사랑은 대개가 계산적이고 조건적이다. 네가 나를 사랑하니까, 내가 너를 사랑한다는 것이다. 네가 나에게 잘 해주니까 나도 사랑한다는 것이다. 그러나 아픔까지 사랑하는 사람은 그런 조건적인 사랑의 관계가 아니다. 네가 사랑하든 말든 심지어는 네가 나에게 아픔을 주더라도 사랑한다는 것이다. 이런 사랑은 남녀 간의 이성적 사랑이나 친구간의 우정 같은 차원의 사랑이 아니라, 하나님이 인간을 사랑하는 그 무조건적인 사랑, 독생자를 희생시켜서라도 인간을 구하겠다는 바로 아가페적 사랑, 자식을 위하여 대신 죽을 수 있는 부모들의 사랑, 그러한 숭고한 사랑의 차원이고서야 우리는 아픔까지 사랑하는 것이라고 해야 할 것이다. 그런데 이러한 사랑을 사람만이 하는 것이 아니라 나무가 그렇게 한다는 것이다. 도대체 어떤 나무이기에 인간들도 실천하기 어려운 아픔까지 사랑하는 나무일 수 있는가. 그 사연은 바로 이런 문장에서 찾아 볼 수 있다.

> 오늘 등산을 하다가 한 나무를 발견했다. 어른 팔뚝보다 조금 더 굵어 보이는 나무하나가 작은 바위에 기대고 있었는데, 신기한 것은 나무의 껍질이 바위의 날카로운 부분을 감싸고 있는 것이었다. 자세히 들여다보니 언젠가 날카롭게 깨어진 바위 하나가 굴러와 나무를 압박하게 된 것 같았다. 바람이 불 때마다 그다지 굵지 않은 나무는 흔들렸고, 흔들릴 때마다 날카로운 바위모서리는 나무의 줄기에 생채기를 내었던 것이다. 결국 이 나무는 중대한 결정을 해야 했다. 그리고 그 결정은 참으로 아름다운 결정이었다. 나무는 자신의 생채기에서 진을 내고 여분의 껍질을 생산시켜 날카로운 바위모서리를 감싸기 시작한 것이다. 그래서 지금은 나무와 바위가 한 몸처럼 붙어서 더는 상대에게 상처를 주지도 않고, 또 상처를 받지 않는 관계가 된 것이다. 그뿐만 아니라 나무가 바위를 감싸 안음으로써 이제는 웬만한 바람에는 흔들리지 않게 된 것이다. 처음에는 자신에게 아픔을 주던 바위를 사랑으로 포옹함으로써 서로에게 유익을 주는 존재가 된 것이니, 참으로 아름답고 긍정적인 방어기제가 발동한 것이다.
>
> – 「아픔까지 사랑한 나무」에서

참으로 아름다운 이야기다. 생명을 가진 모든 존재는 자신의 생존을 위해 방어기제를 갖는다. 인간들은 적을 막기 위해 군대를 만들고 무기를 만들고 심지어는 호신술을 익히기도 한다. 자신을 지키고, 자신의 생존을 확보하기 위해서 갖가지 수단을 강구하는 것이다. 그야 자신을 지키기 위한 수단이라면 정당방위라고 말할 수도 있다. 그런데 인간들은 보다 많은 소유와 지

배를 위하여 자기방어의 경계를 넘어 아예 남의 것을 빼앗고 착취하고 죽이는 악행을 저지르기까지 한다. 이는 방어의 단계를 넘어 침략이고, 공격이고 범죄인 것이다. 인간 세상의 모든 불행은 정당한 방어의 단계를 넘어 부당하게 공격하고 파괴 행위를 서슴지 않는다는 데 문제가 있다. 그래서 세상 사람들은 서로가 생존하기 위한 공존의 질서를 제시한다. 각각의 경계선을 만들고, 그 울타리를 지키고 각자의 울타리를 인정하고 이를 유지하는 것만으로도 일정 수준의 평화는 확보할 수 있기 때문이다. 그러나 울타리를 지키는 것만으로는 인생이 삭막하다. 공존의 질서는 매우 합리적인 것이기는 하나 각자가 방어의 울타리를 만들고 서로가 감시하고 경계를 하는 일마저 늘 긴장과 피로가 있기 때문이다. 더구나 그 경계의 접점이 보는 각도에 서 다를 수 있기 때문에 늘 분쟁의 소지가 있다. 그래서 그러한 물리적 울타리의 질서보다는 서로가 사랑하는 감성적 질서를 강구하게 된다. 경계를 물리적으로 이성적으로 지키기보다는 서로가 사랑하는 감정이 모두의 행복을 담보할 수 있는 아름다운 길이라는 것이다. 이를 조효정 님은 사랑이란 긍정적인 방어기제라고 하였다.

그런데 이 사랑의 방어기제에도 몇 가지 유형이 있다. 가장 일차원적인 유형은 네가 나를 사랑하기 때문에 나도 너를 사랑한다는 조건적인 사랑이다. 네가 나에게 이익을 주고 네가 나를 도와주니까 나도 너를 사랑한다는 것인데 이는 매우 타산적인 것이다. 그래서 사람들은 그보다는 차원 높은 사랑을 강구하게 된다. 그것은 네가 사랑하기 때문에 나도 너를 사랑하는 조건적 사랑이 아니라 그런 전제조건 없이 서로가 사랑하는 것이다. 공평하게 서로가 사랑을 나누는 것이야말로 가장 이상적인 형태일 뿐만 아니라 온 세상이 평화롭고 행복 할 수 있는 최고의 생존 방법이 된다. 그런데 조효정 님의 사랑학은 이보다도 한 차원 높은 사랑이다. 그것이 바로 남이 나에게 아픔을 주더라도 그 아픔까지 내가 끌어 앉고 너를 사랑하여 마침내 사랑을 완성한다는 것이다.

요즘 세상은 적자생존이니 무한 경쟁이니 하면서 남보다 앞서고 남보다 많이 갖고 남보다 높이 되는 것을 미덕으로 생각한다. 그래서 자기만 잘 먹고 잘살겠다고 모두가 인정사정없이 남을 공격하고 증오하고 착취하는 험악한 시대가 되었다. 그러나 그 결과는 전쟁이고 파괴고 마침내 모두가 죽게 되는 것이다. 그래서 서로 간의 경계를 정하고 그 울타리를 지키자는 율법적인 삶을 요구하게 된다. 그것이 세상의 공공질서이기도 하다. 그러나 법이라는 울타리의 세상이 합리적이고 하나 결코 행복할 수 있는 것은 아니다. 행복은 합리적인 이성의 맹물 같은 세계에 있는 것이 아니라 나와 이웃과 자연과 초월적인 절대자까지도 사랑하는 뜨거운 가슴 바로 감성에 있기 때문이다. 그래서 뜻있는 사람들은 저마다 사랑을 말한다. 그러나 사랑에도 차원이 있다. 남이 나에게 이익을 주니 나도 남을 사랑한다는 조건적인 사랑, 그보다는 평화공존을 위해 누구나 공평하게 사랑을 해야 한다는 만인 의무의 사랑도 있다.

그러나 조효정 님의 사랑학은 그 단계마저 뛰어넘는 사랑, 나에게 아픔을 줄지라도 그마저 사랑하는 희생적인 사랑을 소망하고 있다. 그러한 사랑을 그는 「반창고」 라는 작품을 통해 우리들의 삶 속에서 현실화하고 있다. 이 작품에서는 온몸에 손가락만한 가시들로 무장한 조각자나무를 먼저 들고 있다. 세상은 온통 이 나무처럼 서로에게 상처만 준다. 너 때문에 내 가슴이 아프고, 나 때문에 네 가슴이 아픈 것이다. 이에 비하여 반창고는 넘어져서 깨어졌거나 칼에 베인 상처를 아물게 하는 상비약이다. 그래서 상처받은 인간들에게는 반창고가 되어 상처를 아물게 하는 사랑, 바로 아픔까지 사랑하는 나무와 같은 삶을 「반창고」 라는 한 영화 이야기를 통해 다시 들려주고 있다.

> 사실 인간이 가지고 있는 가시는 양쪽이 다 날카로워서 남을 찌르면 찌를수록 자신도 함께 찔린다는 사실을 깨달아야 한다. 이제는 우리도 영화의 주인공들처럼 다른 이들의 상처를 감싸주는 반창고 같은 존재가 되었으면 좋겠다. 우리가 남들에게 대단한 존재는 못되어도 언제나 가까이 있어서 서로가 기댈 수 있는 존재가 된다면, 봄날 창가에 비치는 따사로운 햇살만큼이나 포근하겠다. 나의 존재는 잊힐지라도 나로 인해 다른 이들의 상처가 아물어 감을 볼 수 있다면, 그리고 그것이 우리의 즐거움이 될 수 있다면 우린 정말 행복하겠다.
>
> – 「반창고」 에서

이처럼 그의 수필은 행복해지기 위한 사랑의 이야기가 그 중심을 이룬다. 그것도 조건적인 사랑이나 의무적인 사랑이 아니라 자신에게 상처를 주는 아픔까지 사랑할 뿐만 아니라 상처마저 치유하는 사랑이다. 그리고 그처럼 차원 높은 사랑학은 이번 수필집 모든 작품들에게서 따뜻하고 부드럽게 풍기는 삶의 향기가 된다. 그 중 「아름다운 모습」에서는 진정한 아름다움은 외모에 있는 것이 아니라 바로 모두를 사랑하는 삶 속에 있다고 하였다. 불편한 사람을 도와주고, 불쌍한 사람을 도와주고, 직장에서는 최선을 다하고, 친절하게 봉사하는 것, 그러면서도 들에 핀 꽃 한 송이의 향기를 맡고, 시 한 수에 가슴이 뭉클하는 감성적인 것, 할머니의 사랑 등을 이야기한다. 그리하여 사랑은 아름다운 것이고, 아름다운 것은 기억에 남는 것이고, 그 기억이 추억으로 남을 때 인간은 한없이 행복해진다는 것이다. 그러기에 사랑은 인류를 향한 거창한 연민이 아니라 사소하고 일상적인 것에서 실천하는 것이며, 그것이 또한 아름다운 것이라고 하였다.

> 대단하지 않아도 진실한 모습, 따뜻한 말 한마디, 연민의 눈물 한 방울, 살며시 잡아주는 손, 그 손에서 전해지는 기분 좋은 따뜻함, 말하지 않아도 사랑이 느껴지는 조용한 미소, 그리고 살며시 쥐여주는 사과 맛 사탕 한 알…….
>
> – 「아름다운 모습」에서

그의 이러한 사랑은 꽃을 사랑하고, 꽃을 가꾸고, 꽃 향 가득한 세상을 만드는 꽃 이야기로 확산한다. 그에게 있어서 꽃은 어떤 의미가 있는 것일까. 그리고 아름다운 꽃은 어떤 꽃일까. 그의 「그리운 꽃 그리운 사람」에서 그는 도시적이고 서양적이고 세련된 꽃보다 투박스러우나 자연스럽고 소탈하고 살갑고 그리워지는 꽃, 바로 인위적으로 꾸며지지 않은 그런 인간의 꽃을 말하고 있다. 그러한 사람을 그는 향기로운 사람이라고 했다.

> 그래, 꽃처럼 아름다운 모습은 보이지 않아도 냄새만으로도 향기로운 사람, 그런 사람이 우리는 그리운 거다. 유별나지 않아도, 잘 꾸미지 않아도, 삶이 아름다워서 그냥 향기로운 사람, 그런 사람이 눈물 나게 그리운 거다. 어렸을 적 바람에 불려 오던 아카시아 향기나, 서리해 온 청참외 깨물어 먹던 참깨밭에서 나던 그 향긋한 냄새, 졸린 눈으로 파고들던 엄마 품에서 나던 알 수 없는 포근한 냄새, 여름날 구멍 난 벽에서 바람과 함께 풍겨오던 황토 냄새, 아이들과 씨름하며 놀던 묘지 앞 잔디밭에서 나던 풋풋한 풀냄새처럼, 그냥 그립도록 그런 사람이 생각난다.
>
> -「그리운 꽃 그리운 사람」에서

꽃을 통한 사랑의 실천은 작품 「꽃바구니의 행복」,「예쁘게 꽃 피우기」,「사랑하는 사람에게는 꽃을 주세요」 등의 작품에서 잘 드러나고 있다. 여기서 공통된 꽃은 자연의 꽃이 아니라 꽃 같은 마음을 주고받는 사랑의 대화다.

> "낭만유? 그런 사람이 매번 꽃다발을 전화선으로 묶어다 줘유?"
>
> 그녀의 남편은 전화국 직원으로 매일 이리저리 전화선 가설을 하러 다니는 사람이었다. 그렇게 다니다가 눈에 띄는 들꽃이 있으면, 자투리 전화선으로 묶어다 자기가 연모하는 처녀에게 전해준 것이다. 함께 있던 사람들은 아까보다도 더 배꼽을 잡고 웃었다. 하지만 꽃 한 송이면 어떻고, 전화선으로 묶은 들꽃이면 어떠랴? 그 마음이 아름답고 순수하지 않은가?

-「사랑하는 사람에게 꽃을 주세요」에서

그뿐만 아니라 그의 사랑학은 결코 구호가 아니다. 조효정 님의 수필을 보면 그의 사랑학은 그의 삶 속에서 훈훈한 사랑의 향기가 나고 있음을 보게 된다. 그는 이번 수필집의 두 번째의 단원에 '붕어빵 그 따뜻함의 의미」를 여러 편으로 묶고 있다. 이 단원은 작가와 그 가족들을 통해 드러나는 물씬한 사랑의 이야기다.

여기엔 부모님 이야기, 아내 이야기, 자녀들의 이야기가 있다. 따뜻하고 향기로운 어느 가족들의 이야기도 있다. 「붕어빵 그 따뜻한 의미」는 P 가족의 이야기부터 소개한다. 붕어빵이 생각나 딸에게 붕어빵을 사오라 했더니 늦게야 가져왔는데 붕어가 뭉개져 있었다. 화가 났지만, 사연을 들어보니 평소 가던 가까운 붕어빵 가게가 문을 닫아 이웃동네에 가서 붕어빵을 사 들고 식을까 봐 가슴에 품고 달려왔더니 이렇게 뭉개졌다는 것이다. 이 말을 듣고는 모두가 울었다는 내용이다. 작자 자신도 초등학교 때 옥수수빵을 주면 꼭 반만 먹고 남겼다 집에 있는 동생에게 주었다는 이야기로 마무리된다.

행복이란 무엇인가. 그것은 남을 배려하고 남의 아픔까지 사랑하는 헌신적이고 희생적인 것이다. 세상의 많은 글이 대개는 구호적이고 정치적이고 지시적이다. 모두가 사랑의 중요성을 말하고 행복의 조건들을 제시하고는 있지만 정작 자신이 그러한 사랑을 실천하고 그래서 행복한 향기를 풍기고 있는 경우는 흔하지 않다. 그런데 조효정 수필에는 구호만 있는 것이 아니라, 스스로의 삶 속에 사랑이 있고, 향기가 있다.

그는 가난한 목회자로 신혼여행조차 제대로 가지 못했다. 20년이 되어서야 그것도 어느 교우의 도움으로 때 늦은 신혼여행을 유럽으로 가게 되는데, 그는 흥미로운 여행담보다 아내에 대한 고마운 마음을 먼저 시를 통해 보여주고 있다.

세월의 강 너머
그대와 걷는 길은
이 길은 그대가 있어
외롭지 않은 길
가슴 아픈 한숨과 눈물 얼룩진
황톳길 팔십 리
지쳐 쉬던 앙상한 나뭇가지 아래
그대 손잡고 다시 일어서면
저 세월의 강 너머에
하얀 새 한 마리 날고
황혼의 언덕에서 희망을 보네
세월의 강 너머
그대와 걷는 길은
이 길은 그대가 있어
외롭지 않네

– 「세월의 강가에서」

인생길, 목회자의 길, 사랑을 실천하는 길에 그대가 있어 외롭지 않다는 진솔한 고백을 하고 있다. 사랑의 실천은 이웃과의 관계에서만 있는 것이 아니라 가장 가까운 사람, 아내와 자녀와 가족들에게서부터 시작되어야 한다는 것을 그는 몸소 실천하고 있는 것이다.

조효정의 수필은 이처럼 사랑으로 가득한 행복한 세상을 만드는 것이다. 그런데 이러한 세상을 꿈꾸고 실천할 수 있었던 원천은 어디에 있었을까. 그것은 늘 자신을 돌아보고 세상을 돌아보는 자아인식의 충실성이라고 해야 하겠다. 그의 작품에는 늘 자신과 주위를 돌아보는 진지함이 있다. 그것이 수필집 제1부의 「혼자 걷는 길」일 것이다.

> 그러니 때로는 혼자서 길을 떠날 일이다. 아무것에도 매임이 없이 홀가분하게 길을 떠날 일이다. 누구에게 물어볼 것도 없이 걷고 싶을 때 걷고, 쉬고 싶을 때 쉬는 자유를 느껴야 한다. 오직 나 자신과 이야기하고 눈에 보이는 아름다운 사물들과 이야기를 나누면서 그동안 듣지 못했던 자신의 진실한 이야기와 만물의 속삭임을 들어야 한다. 그 이야기만큼 진솔하고 아름다운 사연들이 어디 있을까?
>
> -「혼자 걷는 길」

세상은 경쟁 속에서 정신없이 앞으로만 달린다. 그러나 자신이 어디에 있는지 그 좌표를 모른다. 빨리빨리 라는 말을 미덕으로 착각하는 현대, 그래서 정말 소중한 것을 잃어버리고 방황하는 것이 오늘의 현실이다. 그러나 인생항해에서 자신의 좌표를 잃는 것은 이미 망망대해에서 방향을 잃은 난파선의 처지다. 외모지상주의, 출세지상주의, 지식지상주의, 물질지상주의, 어느 경제학 교수가 이러한 한국의 세태를 천민자본주의라고 하였다. 정말 개처럼 벌어서 개처럼 쓰는 세상이다. 이를 일러 문학이 죽고, 시가 죽고, 인문학이 죽었다는 말로 개탄하기도 한다. 그래서 느림의 미학이니 슬로우시티라는 말들도 생겼다. 자신을 돌아보고 인생을 돌아보고, 주위를 돌아보고, 과거를 돌아보며 진지한 삶을 모색하자는 것이다.

그래서 조효정 수필에는 주변과 과거에 대한 돌아봄이었다. "우리는 종종 낡은 것을 하찮게 여긴다. 그러나 그 낡음 뒤에는 화려했고 아름다웠던 생애와 추억이 담겨 있음을 알아야 한다."라고 했다. 이러한 입장은 「사라져 가는 것들에 대한 그리움」에서 재확인된다. "사라져 가는 것들은 안타깝고 슬프다. 하지만 사라짐으로써 더 아름답고 진한 그리움을 남긴다."

그의 수필에는 자연에 대한 돌아봄도 있다. 담쟁이와 아카시아와 삼성동 비둘기를 돌아본다. 그런가 하면 덕수궁 돌담길을 걸으며 추억에 잠기기도 하지만 대한문 앞에 매달린 세월호 참사의 노란 리본도 보고, 새벽이면 모닥불을 피우고 일감을 기다리는 인력시장의 힘겨운 이웃들도 보고, 화려한 빌딩 숲에 가려진 돈의동 쪽방촌의 가난한 풍경도 깊은 연민의 눈길로 돌아본다. 그는 「쪽방촌 사람들」의 마지막 문장에 이런 글을 쓰고 있다.

> 이곳에 사는 사람들의 사연은 너무도 다양해서 이루 말로 다 표현할 수 없다. 대부분이 아픈 사연을 가지고 가족과 고향을 떠나온 사람들이기 때문에 자신들의 이야기를 하고 싶어 하지도 않는다. 때로는 어

> 찌어찌 가족들이 찾아오는 경우도 있다지만 자신의 모습을 부끄럽게 생각하여 만나지 않고 피해버린다. 그러니 명절이 되어도 고향에 가지 못하는 것은 당연한 일이다. 그래서 구세군에서 운영하는 돈의동 사랑방에서는 그들을 위한 합동 차례상을 베풀어준다고 한다.
>
> –「쪽방촌 사람들」

그러면서 이 수필집의 마지막 장에서는 「성공할 것인가 승리할 것인가」라는 제목의 화두를 우리에게 던진다. 세상 사람들은 모두가 성공을 원한다. 그러나 그 성공의 척도는 대개가 물질이고, 명예고, 권력이다. 정말 남들보다 많은 물질과 명예와 권력이 인간에게 있어서 진정 성공의 기준이 될 수 있는가. 일등의 뒤에는 수많은 차등이 있다. 그러나 일등은 계속 일등을 유지하기 위해 계속 과속을 해야 하는 스트레스를 받아야 하고, 차등은 차등대로 끝없는 열등감의 스트레스를 받는다. 그렇다면 성공한 삶보다는 승리하는 삶이 더 의미 있는 것이 아닌가.

승리한 삶이란 무엇인가. 그는 이 글에서 "자신의 삶이 목표를 바로 세우고, 그것을 위해서 최선을 다하는 사람은 적어도 그 정도에서 승리를 맛볼 수 있다. 남들과 성공을 비교하지 않고, 나 자신과의 싸움에서 승리하고, 자신이 정한 룰 안에서 승리하는 사람은 나름대로의 만족감이 있고 성취감이 있다. 그러니 앞 뒤 가리지 말고 정신없이 성공을 향해 달려가지 말고 자신이 세운 어떤 목표를 향해 성실하게 살아가는 것이 진정한 성공이고 승리라고 하였다.

그런데 조효정의 수필 『아픔까지 사랑한 나무』가 우리에게 주는 훈훈한 감동은 단지 희생적이고 헌신적인 사랑과 행복에 대한 그 인문학적 에세이라는 데만 있는 것이 아니다. 금상첨화란 말처럼 그의 작품을 읽어보면 한 작품 한 작품 모두가 알맞게 익은 신선한 과일처럼 신선하고, 따스한 봄바람처럼 훈훈하다. 그 이유가 무엇일까. 그것은 그의 뛰어난 문장력이다. 그의 문장은 지루하고 잡다한 만연체의 문장이 아니라 간결하고도 세련된 문장이다. 꼭 필요한 주제에 꼭 필요한 문학적 형상을 적절히 구사하여 독자에게 상쾌한 인상을 준다. 더구나 그의 수필은 관념적이거나 추상적인 진술이 아니라 구체적인 삶의 체험을 진정성 있게 드러내고 있다. 이는 해박함을 드러내는 비평적 에세이나 잡다한 삶의 단편들을 늘어놓는 신변잡기와 다르다. 참으로 중요한 삶의 주제들이 적절한 문학적 표현을 통해 진지하게 드러나고 있는 것이다. 이상적인 수필은 시적인 수필이라고 하듯이 그의 문장은 시처럼 강한 서정적 정감도 있고 메타포도 있고, 반복되는 리듬도 있어 수필이 아니라 마치 한 편의 산문시를 읽는 느낌이 그것이다. 그것은 바로 조효정 수필이 갖는 고도의 문학성 때문일 것이다.

더욱 감동스러운 것은 조효정 수필가를 서두에서 구세군 사관, 바로 교회의 목회자로 소개했는데 그래서 작품들도 지나치게 호교적일 것으로 생각할 수 있는데, 그 점에 있어서도 매우 세련된 표현이어서 결코 종교적 편향에 따른 거부감을 느끼지 않는다는 것이다. 그러면서도 사실은 구세군 정신이나 기독교적 사상들이 충분히 전달되고 있어 정말 문학예술로 잘 승화된 기독교 문학을 볼 수 있게 된다.

따라서 조효정 수필가의 이번 수필집 『아픔까지 사랑한 나무』는 남의 아픔뿐만 아니라 나를 아프게 하는 너까지도 사랑한다는 매우 초극적인 사랑을 자신과 가족과 이웃 속에서 실천함으로써, 보다 행복한 세상을 꿈꾸는 한 목회자의 아름다운 사랑과 행복이 따뜻한 감성과 세련된 문장, 거기에 시적인 서정성을 더하여 모두에게 화해와 감동을 주는 밝고 건강한 신앙적인 수필, 시적인 수필이라고 해야 하겠다.

한국창조문학대표수필선·233
아픔까지 사랑한 나무

2015년 2월 1일 초판 인쇄
2015년 2월 10일 초판 발행
저 자 조 효 정
발행인 신 용 호
발행처 창조문학사
서울 서대문구가좌로 86 동천아카데미5층

등록번호 제1-263호
전화 02 - 374 - 9011 FAX 374-5217
이메일: hmpo@hanmail.net

공급처: 한국출판협동조합 전화 716-5616~9

ISBN 978-89-7734-376-4
정가 12,000원